ABECEDARIO DE LA SABIDURÍA

CHRISTOPHE ANDRÉ
ALEXANDRE JOLLIEN
MATTHIEU RICARD

Abecedario
de la sabiduría

URANO
Argentina – Chile – Colombia – España
Estados Unidos – México – Perú – Uruguay

Título original: *Abécédaire de la sagesse*
Editor original: L'Iconoclaste et Allary Éditions, París
Traducción: Rut Abadía

1.ª edición Septiembre 2021

Plaza de los Reyes Magos, 8, piso 1.º C y D – 28007 Madrid
www.edicionesurano.com

ISBN: 978-84-17694-35-7
E-ISBN: 978-84-18480-08-9
Depósito legal: B-11.045-2021

Fotocomposición: Ediciones Urano, S.A.U.

Impreso por: Rotativas de Estella – Polígono Industrial San Miguel
Parcelas E7-E8 – 31132 Villatuerta (Navarra)

Impreso en España – *Printed in Spain*

«La superposición de todos los colores del arcoíris crea una luz blanca. De la misma manera, si uno crea coherencia entre la compasión, el dominio de la mente, la libertad interior, el discernimiento y la alegría de vivir, los variados colores de estas cualidades forman la luz blanca de la sabiduría. La sabiduría no es la simple adición de estas cualidades, sino lo que surge de ellas.»

Matthieu Ricard

PRÓLOGO

Nuestros dos libros anteriores, *Tres amigos en busca de la sabiduría*[1] y *¡Viva la libertad!*,[2] reúnen cerca de mil páginas con el objetivo de encontrar algunas respuestas a las preguntas que nos hacemos sobre nuestra conducta en la vida: ¿qué objetivos vale la pena perseguir? ¿Cómo podemos aliviar nuestro malestar? ¿Cómo podemos liberarnos de nuestros grilletes? ¿Podemos realmente ser felices? ¿Cómo puedo ayudar a los demás?

La idea del libro que tienes en tus manos es extraer la esencia de nuestros fructíferos intercambios presentándola en forma de pequeños textos concisos y accesibles, dispuestos por orden alfabético.

Por lo tanto, esta colección está compuesta por extractos revisados y modificados de nuestras obras existentes, pero también por nuevos elementos que no habíamos abordado y que pensamos que serán útiles. Así, hemos decidido tratar los temas de la biofilia (o amor a la vida),

---

1. Ediciones Urano, Barcelona 2016.

2. Arpa Editores, Barcelona, 2020.

el fracaso, la ecuanimidad, el asombro, Jesús y Buda, las mujeres sabias, los ideales, las recaídas, el éxito, el envejecimiento, etcétera. E inauguramos este libro con nuevos e inéditos intentos de definir, o al menos intentarlo, la sabiduría.

Una última aclaración: ninguno de nosotros afirma ser sabio, por supuesto. ¡Pero los tres hacemos todo lo posible por conseguirlo!

¿QUÉ ES LA SABIDURÍA?

La sabiduría según Alexandre: Un camino que da la bienvenida a los errores

La sabiduría no es algo prefabricado. Es un camino, un descenso a las profundidades, a la intimidad de nuestro corazón, donde la alegría, la paz y la salud nos preceden. Cada día, cada uno de nosotros está invitado a mantener el rumbo hacia esta fuente, a seguir su brújula interior, esta llamada, por decirlo con las palabras de Rumi, usando todos los medios a su alcance, contra los vientos y mareas de la mente. Cuando todo nos lleva a una reacción automática, cuando es tentador decantarse por la amargura o la maldad, entonces debemos pacientemente, mil veces al día, responder a esta llamada. La sabiduría despeja el horizonte. Sí, es posible vivir las circunstancias de nuestra existencia sin quedar atrapados en la espesa niebla de nuestras proyecciones, sin actuar en modo bola de billar.

Demasiado caótico, a menudo me siento en las antípodas de una verdadera sabiduría, una estabilidad de hierro. Pero siempre, a pesar de la desesperación y el miedo, sigo viendo un atisbo de luz, de dirección. Claro que sí, tenemos un largo camino por recorrer. Se trata de escapar de esta prisión, la del ego; hay que practicar, hay que remar.

Nietzsche nos proporciona una valiosa herramienta: el concepto de la «buena salud». El ideal de *buena salud* —resplandeciente, sin defectos— margina a muchas personas. La buena salud, por otro lado, incluye heridas, traumas, contradicciones, discapacidades y enfermedades. Nunca estática, la *gran sabiduría* es una fuente de inspiración, e incluso nuestras contradicciones pueden llevarnos a la iluminación. Paso a paso, milímetro a milímetro, podemos, cualesquiera sean nuestras fragilidades, ponernos en marcha, y quizás incluso trabajar con nuestros errores y nuestras molestias cotidianas.

Querer llegar rápidamente a la sabiduría tiene dos peligros. Primero, la tiranía del «yo». ¿No hemos percibido todos en las profundidades de nuestra psicología una especie de mini-Trump que no grita «*America first*» sino «*me first*»? Somos más de siete mil millones de seres humanos. ¿Cómo puede la voz de la mente desvariar hasta el punto de ignorar a esos otros siete mil millones de personas? El segundo peligro es el de la dictadura del «nosotros». Como diría Heidegger: leo este libro porque «nosotros» leemos este libro; amo porque «nosotros» amamos; estoy indignado porque «nosotros» estamos indignados; en resumen, tomo prestado de fuera mis gustos, mis comportamientos, lo que se dice, lo que se hace…

Aspirar a una gran sabiduría es sobre todo centrarse en esta etapa, este progreso, el momento presente, el aquí y ahora, como yendo de la mano de este instante, entregándonos a él. Inaugurar un nuevo arte de vivir, lejos del «yo» y del despotismo del «yo», ¡esta es la cuestión, el fabuloso desafío!

La etimología de la palabra «filosofía» lleva consigo el amor a la sabiduría. Con humildad, el filósofo se pone en camino, busca, es su misión. Rodeado de buenos amigos, dedica su vida diaria a la práctica de sí mismo, a la relación con el mundo y con los demás, decidido a alejarse de las pasiones tristes, las falsas expectativas y los arrepentimientos. Para los griegos, la sabiduría tiene dos dimensiones íntimamente ligadas: *sophia*, la sabiduría contemplativa, teórica, la excelencia intelectual en cierto sentido, y la sabiduría práctica, *sophro-synê*, es decir, la manera de moderar las emociones, entre otras. Para un corazón, encontrar el equilibrio puede ser muy delicado. Sin embargo, practicarlo es muy placentero. La etimología latina de la palabra «sabiduría» lo atestigua evocando la idea de «sabor». Quien alimenta la *sapientia* experimenta la alegría, el placer de complacerse en ella. Es una alegría liberadora decir adiós a los falsos bienes, a las distorsiones de la realidad, a los malentendidos que nos hacen ver el mundo de una manera parcial y, por lo tanto, dolorosa.

En consecuencia, rechacemos una imagen de la sabiduría «escuálida», como decía Nietzsche, precavida.

Cuando el amor y la sabiduría danzan juntas, nos llevan a la libertad, la alegría, la abnegación. Asociar la sabiduría con un triste ascetismo, pretender que nos empujaría a una vida sin emociones, a un electrocardiograma plano y a la pena, es un poco como pasar la vida en incómodos autos de choque o montañas rusas emocionales mientras nos negamos tercamente a separarnos de nuestra condición. Mejor aún, para mí, la sabiduría permite montar en autos de choque y montañas rusas sin un ejército de arrepentimientos, críticas y conflictos. Emprender un camino espiritual es no perderse la más íntima de nuestras relaciones, es atreverse a sumergirse hasta el fondo, a dejar el personaje, los roles que constantemente interpretamos para atrevernos a avanzar sin armadura; es aprender a nadar, a flotar en el océano de la vida, a saltar. No es necesario ningún requisito previo. No se trata de ser perfectos. ¿Por qué demonios tenemos que ser perfectos para pasar por la vida?

Finalmente, quiero señalar que una sabiduría escondida en un rincón, una cómoda felicidad encerrada en un búnker espiritual no valdría la pena. Practicar la sabiduría significa tender la mano, apoyarse mutuamente, avanzar juntos.

La sabiduría según Christophe: Una herramienta para acercarse a la felicidad

No soy un filósofo, así que mi visión de la sabiduría está idealizada y quizá sea muy simple. Sin embargo, es una dimensión esencial para mí y lamento que la mayoría de los filósofos contemporáneos se interesen tan poco por ella. A menudo lo ven como una especie de ilusión, incluso como una pretensión: ¿quién se atrevería a decir que es sabio? En otras ocasiones, creen que su búsqueda es en esencia una ilusión: «Cuando el hombre quiere ser un ángel, se convierte en una bestia», como reza la famosa frase de Pascal. Y finalmente, según algunos, en la búsqueda de la sabiduría, el objetivo no es la felicidad, sino la verdad. Y aunque la verdad nos haga sufrir, debemos preferirla a pesar de todo. Esto puede estar bien fundado y justificado, pero me siento lejos de ello…

Creo en el poder reconfortante de la sabiduría. Creo en su capacidad de ayudarnos a sufrir menos y a causar menos sufrimiento. En general, me parece que intentar ser sabios tan a menudo como sea posible es reconstituyente y reconfortante, para nosotros y para los demás. En lo cotidiano, la sabiduría es para mí como una brújula, un

GPS que sirve para no perderse demasiado tiempo en los errores vinculados al egoísmo, a la pereza, a las influencias nefastas de nuestro entorno materialista. Cada ser humano debe intentar acercarse a esta sabiduría cuyo contador se pone prácticamente a cero cada mañana: te despiertas, te dices a ti mismo que, aunque te durmieras la noche anterior con la impresión de ser un poco más sabio, sabes que todo el trabajo tendrá que continuar, o incluso volver a empezar, a partir de hoy... Es como un trabajo de mantenimiento de la sabiduría. Todo esto lo encontramos en los filósofos antiguos o en los filósofos contemporáneos interesados en la filosofía antigua, pero poco en la filosofía contemporánea.

A la pregunta «¿debemos elegir la verdad, la libertad o la felicidad?», podemos responder que, en su núcleo, la sabiduría es la capacidad de extraer libremente la felicidad de la verdad. Pongamos un ejemplo: la verdad es que no tengo buena salud. Pero ¿qué hago con ella? A pesar de todo, puedo decirme a mí mismo que, aunque tenga mala salud, estoy vivo. Que tengo amigos, que puedo hablar, compartir y, por lo tanto, que puedo extraer cosas buenas de esa verdad. Entiendo lo que los filósofos quieren decir cuando dicen que la filosofía y la sabiduría no tienen como objetivo principal hacernos felices, que eso es un efecto secundario. Sin embargo, soy partidario de acercarse a la verdad para disipar las ilusiones, pero también, si seguimos por este camino, para aumentar nuestra felicidad.

La sabiduría según Matthieu: Discernimiento y autocontrol

En esencia, la sabiduría tiene dos componentes: una visión correcta de las cosas y una perfecta libertad interior. El primer componente proviene de una correcta comprensión de las cosas. Si uno se aferra a una visión distorsionada de la realidad, si uno piensa, por ejemplo, que las cosas son permanentes y dotadas de una existencia autónoma e intrínseca, entonces sólo encuentra frustración y sufrimiento. Al ocultar el conocimiento, esta confusión nos aleja de la sabiduría: nos incita a poner la mano en el fuego mientras esperamos no quemarnos, y contribuye a nuestra adicción a las causas del sufrimiento. La sabiduría, por otra parte, va de la mano de una adaptación a la realidad, con el discernimiento y la comprensión de los mecanismos de la felicidad y el sufrimiento. En otras palabras, la sabiduría nos permite salvar la brecha que hemos creado entre las apariencias engañosas y la realidad.

El otro aspecto de la sabiduría es el autocontrol. Una persona sabia no puede comportarse de forma errática, confusa, impulsiva e inconsistente. Tener el control de uno mismo no es comportarse de forma rígida, quedarse atascado en dogmas y normas restrictivas. La maestría significa libertad. Un marinero que es el capitán de su barco lo conduce con seguridad a través de los océanos y las tormentas. Ser amo de uno mismo significa dejar de ser un juguete de los sentimientos y un esclavo de los pensamientos tóxicos, que llevan al sufrimiento y al desencanto. En fin, todo menos la realización personal. El autocontrol va de la mano del equilibrio interior, de una mente clara y pacífica.

El sabio sabrá entonces sopesar las cosas y tomar decisiones justas, teniendo en cuenta las ventajas y desventajas que están en juego, para sí mismo y para los demás. No se halla bajo la influencia de suposiciones y prejuicios, y no superpone sus proyecciones mentales sobre la realidad. Lúcido, discernirá con delicadeza lo que es susceptible de hacer el bien y lo que acentúa el sufrimiento a corto y largo plazos. Como resultado, digno de confianza, el sabio será respetado en la comunidad en la que vive. Su libertad interior lo protege de la vulnerabilidad y la inestabilidad que muchos de nosotros sufrimos en nuestra vida diaria. La persona sabia no se desestabilizará fácilmente por circunstancias adversas. Es resistente, como un velero con una buena quilla que evita que vuelque al menor azote del viento.

En los textos budistas, el sabio también se compara con una montaña que permanece inalterada por los vientos. Es más, el sabio tiene un espíritu vasto en el que las preocupaciones y los peligros de la vida cotidiana (ganancia o pérdida, placer o disgusto, alabanza o crítica, anonimato o fama) parecen insignificantes.

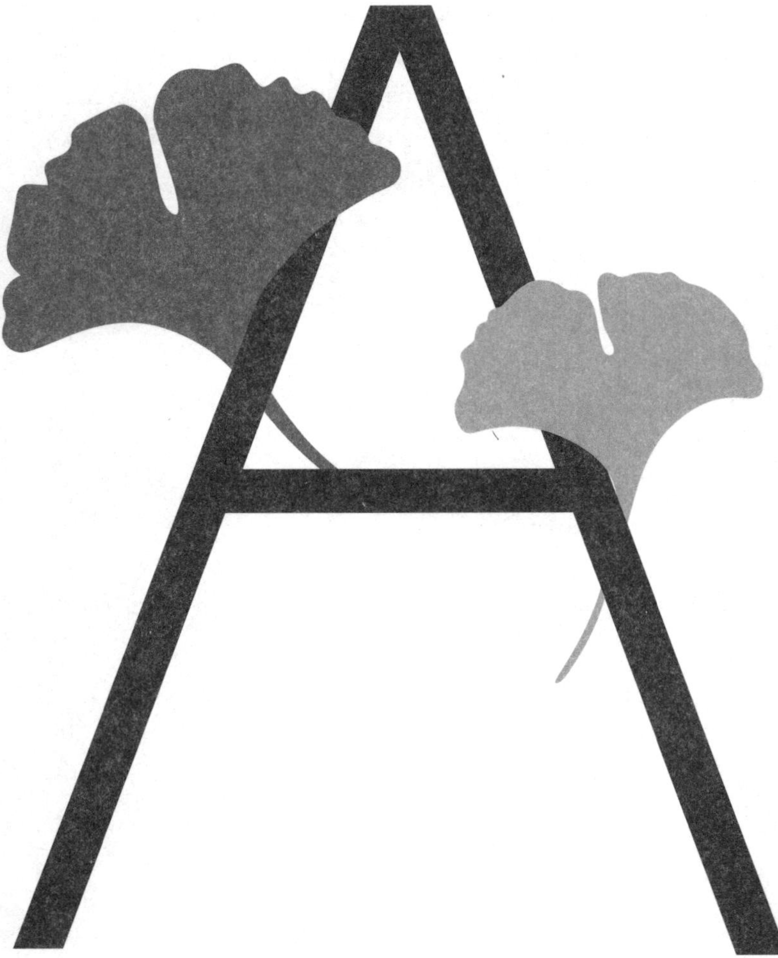

Aburrimiento

¿Y si la mente necesita estar siempre royendo un hueso, apretar los dientes, sentirse viva luchando contra la adversidad, buscando un enemigo interno o externo para justificar su existencia? ¿Estamos suficientemente iniciados en el arte del descanso, en la recreación del yo, en la no-lucha, sin necesitar esa montaña rusa interior para sentirnos vibrar? Es una locura que algunos días lleguemos a preferir la inquietud a la calma total... Domar el aburrimiento no es una tarea fácil, especialmente en un momento en que la hiperestimulación está totalmente desenfrenada. Sin embargo, sin un cierto gusto y curiosidad por el aburrimiento, ¿cómo podemos encontrar alegría en el corazón de lo banal, en los milagros cotidianos que han acabado por pasarnos desapercibidos? *Alexandre*

Aceptar

La aceptación y la renuncia se confunden a menudo. En una conversación con académicos de Norteamérica, expliqué que entrenar la mente a través de la meditación puede cambiar nuestra percepción de las situaciones dolorosas y ayudarnos a adquirir las facultades necesarias para afrontar mejor los altibajos de la vida. Me dijeron categóricamente que era peligroso abogar por esa adaptación, que sería como decir a las personas que sufren que todo lo que tienen que hacer es acostumbrarse a su condición. Como si los esclavos, las mujeres maltratadas, los que se consumen injustamente en las prisiones y otros oprimidos no tuvieran nada mejor que hacer que meditar y aprender a aceptar su suerte, en lugar de exigir justicia y el fin de su opresión. Esta reacción se basa en un malentendido. Adquirir la capacidad de afrontar las circunstancias dolorosas con coraje y serenidad es un activo valioso para reducir el sufrimiento, pero no supone en absoluto una resignación. Al cultivar la libertad de esta manera, simplemente dejamos de añadir angustia o exasperación a los males que sufrimos. Se evita el doble de sufrimiento.

Frente a lo que vive una persona enferma, no se puede decir: «Te aconsejo que aceptes tu sufrimiento, y ahora te dejo que te valgas por ti mismo». Hay que decirle que harás todo lo que puedas para poner fin a su situación, pero que, además, le será muy útil tener una actitud diferente hacia ella. Y a veces, simplemente aceptar que, al menos por ahora, no podemos hacer nada. Esta aceptación, en lugar de ocultar el horizonte, como es el caso de la resignación, permite añadir algo positivo.

Un escritor canadiense, Rémi Tremblay, escribió un libro muy conmovedor (*La Chaise rouge devant le fleuve*) [3] en el que habla de su hijo, un drogadicto. Explica cómo durante mucho tiempo intentó esconder su sufrimiento «bajo la alfombra», ya que se encontraba atrapado en el círculo vicioso de la esperanza, la expectativa y la decepción. Uno nunca querría ver sufrir a sus hijos, pero él ha aprendido, dice, a abrazar su sufrimiento sin alimentarlo ni huir de él, sin ignorarlo ni actuar contra él. Ahora es más capaz de permanecer presente mientras escucha a su hijo, y habla de la presencia como un «acto de amor» que le hace ser más amoroso, estar más tranquilo y, por lo tanto, ser más capaz de actuar con inteligencia y buen juicio.

En otras palabras, aceptar una situación que no se puede cambiar, o que llevará tiempo cambiar, deja la puerta abierta a la posibilidad de añadir la dimensión liberadora del amor. ***Matthieu***

---

3. Guy Saint-Jean Editeur, Laval, Canadá, 2015.

Acrasia

Los griegos forjaron un concepto muy esclarecedor para describir los campos de batalla, los conflictos internos que rugen en las profundidades de nuestro corazón: la *acrasia*. Etimológicamente, *acratos* significa «impotencia». También podríamos traducir este término como «debilidad de la voluntad». San Pablo resume maravillosamente los desgarros y las luchas que pueden hacer estragos en lo más profundo de nuestra alma: «Porque no hago el bien que quiero, sino el mal que no quiero, eso hago». De ahí la sensación de guerra civil, como un rompecabezas que se desmorona y un interminable tira y afloja. Impotente, la voluntad indica una dirección, pero los impulsos, las emociones, los miedos y la ira van en cabeza. ¿Quién no ha experimentado nunca esta alienación que nos deja sin recursos? No podemos evitarlo…

La acritud puede gangrenar muchas áreas de la vida. El alcoholismo, la adicción, la drogadicción, en resumen, todos los desgarros interiores revelan la dificultad de sacar lo mejor de nosotros mismos. Nuestra impotencia ante el cambio impregna muchas áreas. Sé claramente que una relación es perjudicial, y aun así me meto en ella hasta el cuello.

¿Cómo podemos salir de este engranaje, dejar de poner en marcha la mecánica desastrosa que nos aliena y reduce todos nuestros esfuerzos a la nada? Por no hablar de la culpa que corroe a aquel que, angustiado, ve abrirse un abismo entre su ideal de vida, sus convicciones, sus altas aspiraciones y sus comportamientos, sus actos. De ahí la necesidad de un ascetismo, una pacificación interna para atreverse a alcanzar la buena salud y acabar con los tiranos impulsivos. ***Alexandre***

TRES CONSEJOS DE ALEXANDRE
ANTE LA ACRASIA

- No hagas un drama de las peleas, las recaídas, los errores. Cada primero de enero me planteo propósitos que son imposibles de cumplir a largo plazo. Descubrir la libertad significa, en primer lugar, identificar nuestras cadenas, hacer un balance de nuestros recursos y deshacer los psicodramas uno por uno.
- Hay trabajo que hacer, pero nunca se hace... El camino espiritual se parece más a una maratón que a un esprint. En el camino, podemos tropezar, partirnos la cara. Para este gran viaje, identifiquemos lo que nos hace sentir bien, lo que nos consuela. Un corredor de maratón drogado o adormecido no podrá aguantar mucho tiempo. La sabiduría requiere que identifiquemos lo que nos nutre profundamente. Ese feliz conocimiento es una alegría incondicional.

- Descentrarnos: Si hacemos frente a la lucha interna, seguro que vamos a darnos contra una pared. Además, la prudencia nos dice que estemos un poco descentrados para dejar de ubicar los problemas en el centro de nuestras vidas, sin huir de ellos. Y en concreto, cuando me siento mal, nada me impide llamar a alguien que también está luchando contra la acrasia para apoyarlo, ayudarlo, escucharlo.

Actuar

Distinguir entre la meditación y la acción es un error de principiante. La experiencia de los profesionales nos enseña que los vínculos entre ambos son estrechos, y que la meditación nos ayuda a actuar mejor, y a veces a no actuar; lo que no es lo mismo que no hacer nada... Así, en la tradición zen, que sin embargo da gran importancia a estar sentado, casi todos los actos cotidianos también pueden ser oportunidades para meditar: comer, caminar, ordenar, limpiar... Siempre que se realicen con plena conciencia, con la mente alineada con el cuerpo.

En general, para meditar actuando, suele bastar con estar presentes en nuestras acciones de manera habitual. Verdaderamente presentes. No hacer nada más que lo que estamos haciendo... Caminar, conducir, ordenar, escuchar, escribir, leer, dejar las llaves o las gafas en algún lugar, cocinar, limpiar… A menudo, mientras el cuerpo actúa, la mente se desplaza a otro lugar, protagonizado por quejas o sueños, preocupaciones o proyectos. Todos los estudios que se han realizado sobre la llamada «multitarea» (hacer varias cosas al mismo tiempo, conducir mientras llamamos por teléfono, hablar mientras leemos mensajes de texto, etc.) muestran claramente que este hábito nos estresa aún más y hace que cada vez hagamos las cosas peor.

Por otro lado, actuar en plena conciencia puede llevarnos a lo que los investigadores llaman el estado de *flow*, esos momentos en los que estamos completamente concentrados en una actividad, en que la realizamos de la mejor manera posible, con una intensa sensación de dominio y placer. Encontramos este «flujo» en deportistas y artistas, pero también cuando llevamos a cabo trabajos intelectuales o actividades de ocio como el bricolaje, la jardinería, etc. Actuar con plena conciencia nos permite entender que vivir bien significa no olvidarnos de vivir en el presente, aquí y ahora. *Christophe*

Adicción a la desgracia

Cuando la angustia me bloquea, me sorprende encontrar insípidos la alegría y los momentos de calma de la vida cotidiana. Es como si me faltara adrenalina en el momento de enfrentarme a una prueba, y es dramático. Los golpes del destino son abrumadores, agotadores, pero, al menos, cuando luchas, sabes por qué te levantas por la mañana. En *La gaya ciencia*,[4] Nietzsche escribe: «En el dolor oigo la voz de mando del capitán de barco: "¡Desplieguen las velas!". Ese audaz navegante que es el "hombre" tiene que ejercitarse en saber disponer las velas de mil modos, ya que de lo contrario estará perdido y el océano se lo tragará súbitamente». Pero después, cuando vuelven la monotonía y la rutina, aparece una carencia, casi un hábito, casi una adicción a la desgracia. Es como si tuviéramos que cargar ladrillos para sentirnos vivos.

Nuestra relación con las emociones puede ser como mínimo ambigua. Si nos hacen sufrir por sus excesos, si nos hacen perder el rumbo, hay un malentendido: algunos piensan que necesitamos vibrar para existir y que la meditación nos despoja de las emociones.

Lo que me atrajo de la filosofía fue que parecía prometer la famosa ataraxia, es decir, la ausencia de perturbaciones en el alma. Hoy sé ver que es posible que no pueda librarme de las mil y una preocupaciones que agitan mi mente. Sin embargo, gracias a la meditación, cada día ocurre una especie de milagro. Y a menudo me las

---

4. José J. Olañeta editor, Palma de Mallorca, 2019.

arreglo para reírme de mis ansiedades, para no tener miedo de mis miedos.

Hay un ejercicio que me ayuda mucho: ver que la conciencia que experimenta miedo, angustia o pena, nunca se alcanza. Hay una parte en el ser humano que permanece indemne. Ningún trauma puede perturbarla. Uno podría entonces comparar la conciencia con una especie de olla enorme. Dentro, hay de todo: garbanzos, lechuga, zanahorias que nos hacen sentir bien y cebollas que nos hacen llorar. En la desgracia, el ego sólo mastica las cebollas, sin disfrutar del resto. Considerar la conciencia como una olla nos permite dejar pasar las emociones sin dejarnos llevar por la ira y la pena, que son sólo algunos ingredientes entre muchos otros. *Alexandre*

VER TAMBIÉN DEPENDENCIA

Adversidad

No es el sufrimiento lo que crece, sino *lo que hacemos con él*. Huyo como de la peste de los discursos que justifican demasiado rápido las adversidades. Es olvidar que el dolor puede amargar y matar a un corazón. Por mi parte, la enfermedad, lejos de ser una carga, puede convertirse en un fabuloso campo de entrenamiento. Si lo viera como un trabajo forzado, me pegaría un tiro… También puedo verlo como un posible camino hacia la sabiduría.

Sin por ello tener que aceptar en su totalidad esta discapacidad, esta calamidad, algunos días descubro una oportunidad de ser más feliz y más libre. Y puedo ver claramente que sin la práctica espiritual tengo graves problemas. En resumen, mi discapacidad me empuja a transformarme y refugiarme en lo más profundo de mí mismo, lejos de las etiquetas, de las apariencias, para ir a la escuela todos los días. *Alexandre*

Agresividad

En las enseñanzas budistas, a menudo se nos aconseja no apropiarnos interiormente del daño que se nos hace. Un hombre había insultado repetidamente al Buda. El Buda le preguntó: «Si alguien te hace un regalo y lo rechazas, ¿quién es el dueño del regalo?». El hombre se sorprendió un poco y respondió: «¡Es la persona que ofrece el regalo!». Y el Buda concluyó: «No acepto tus insultos, así que siguen siendo tuyos».

Frente a los ingratos, los groseros y las malas personas, creo que tenemos mucho que ganar si mantenemos una actitud benévola. Cuando conservo la calma, la cortesía y la apertura hacia el otro, en el mejor de los casos, desactivo su animosidad. Y si no cambia su actitud, al menos habré conservado mi dignidad y mi paz interior. Si entro en confrontación, yo mismo caigo en los defectos que deploro en el otro. El escenario habitual de la confrontación es la escalada: si me levantan la voz, contesto inmediatamente, el tono aumenta y la violencia comienza. *Matthieu*

VER TAMBIÉN NO-VIOLENCIA, VIOLENCIA

Alegría

La alegría me parece mucho más sencilla y accesible que la felicidad. Tengo la impresión de que el imperativo de «ser feliz a toda costa» deja a mucha gente en la cuneta. Más humilde, la alegría también me parece más compatible con nuestras debilidades y límites: puedo acceder a ella incluso si sufro dolor crónico o estoy de luto. No hay nada abrumador en seguir su llamada. Incluso alguien que rema de la mañana a la noche puede tener esta experiencia.

¿Por qué equiparar la alegría con la euforia y la superficialidad, cuando sobre todo es un profundo y auténtico sí a la realidad tal como se presenta? Afortunadamente, Spinoza nos recuerda que esto interviene en el tránsito del hombre de menor a mayor perfección. Cada vez que la vida gana terreno y yo progreso, la alegría dilata mi corazón. Un paso más y el ego explota. En *Le Huitième Jour de la semaine*,[5] Christian Bobin evoca a: «la alegría

---

5. Lettres Vives, Castellare di Cansica, 2020.

elemental del universo, que ensombrecemos cada vez que pretendemos ser alguien, o saber algo». *Alexandre*

VER TAMBIÉN FELICIDAD

Altruismo

A veces tendemos a mezclar altruismo, compasión y empatía. Pero detrás de estas palabras hay diferentes estados mentales, que tienen diferentes repercusiones en nuestro comportamiento y, en consecuencia, en el prójimo. El altruismo o amor altruista es esencialmente la intención de hacer el bien a los demás. Si deseo llevar a cabo un acto generoso y calculo que el beneficio será superior al coste de mi acto, eso no es altruismo, es un comportamiento interesado. La compasión es la forma que adopta el altruismo ante el sufrimiento de los demás. El budismo lo define como «el deseo de que todos los seres sean liberados del sufrimiento y sus causas». Es distinto de la empatía. (VER EMPATÍA).

El altruismo y la compasión son insuficientes si se limitan a su componente emocional. Sin embargo, tienen una dimensión cognitiva esencial de la que se habla con menos frecuencia. Es esta dimensión cognitiva la que nos permite, por un lado, percibir las necesidades de los demás (por ejemplo, su deseo de liberarse de condiciones desfavorables o angustiosas), incluidos aquellos que nos consideran extraños o enemigos y, por otra parte, ampliar nuestra comprensión de su sufrimiento. Para el budismo, la causa fundamental del sufrimiento es la ignorancia, la confusión mental que nos hace percibir la realidad de manera distorsionada y genera una multitud de eventos mentales perturbadores, que van desde el deseo compulsivo al odio, los celos, la arrogancia y todas las demás emociones negativas. Si ignoramos este aspecto cognitivo del altruismo y la compasión centrándonos sólo en las formas visibles del sufrimiento, nunca podremos remediarlo completamente.

Cuando hacemos algo beneficioso para los demás con un propósito egoísta, no es realmente altruismo, ya que pretendemos promover nuestros propios intereses. Podemos colmar de atención a una persona mayor con la esperanza de heredar su fortuna, conceder un favor a alguien para que nos elogie o ser generosos para ganar una reputación de filántropos. Podemos ayudar a alguien para aliviar nuestra conciencia culpable, para tener una buena opinión de nosotros mismos o para evitar las críticas.

El altruismo es la abnegación de cuando uno ayuda a otros con el único propósito de hacer el bien. El verdadero altruismo es la explicación más simple y probable de las buenas acciones que ocurren constantemente en nuestra vida diaria. Podríamos llamarlo la «banalidad del bien». El psicólogo americano Daniel Batson, para comprobarlo, ha pasado treinta años de su vida imaginando situaciones experimentales que permiten determinar sin ambigüedad las motivaciones altruistas o egoístas de los sujetos cuyas reacciones observaba. Al final de este paciente y sistemático trabajo, concluyó que el verdadero altruismo existe y que, en el estado actual del conocimiento científico, no hay ninguna explicación plausible para los resultados de sus estudios que se base en el egoísmo.

A menudo me hacen esta pregunta: «¿Cómo puede uno sentir altruismo o compasión por un dictador despiadado y sediento de sangre?». La compasión busca remediar cualquier forma de sufrimiento. Un médico que se enfrenta a un loco peligroso no lo noqueará con un garrote, sino que intentará controlarlo y buscará los medios para sanarlo. No se trata en absoluto de adoptar una actitud permisiva, pero ¿no es buena idea querer que un dictador deje de sentir odio, crueldad, avaricia e indiferencia y que las condiciones que han permitido que tal aberración surja en una sociedad se transformen? *Matthieu*

VER TAMBIÉN COMPASIÓN, EMPATÍA, INTERDEPENDENCIA

CUATRO CONSEJOS DE MATTHIEU
PARA SER MÁS ALTRUISTA

- No tengas miedo del altruismo incondicional porque te parezca que está fuera de tu alcance. De hecho, todo lo que tienes que hacer es desear «que todos los seres encuentren la felicidad y la causa de la felicidad y puedan separarse del sufrimiento y las causas del sufrimiento» para que tu altruismo se vuelva incondicional. Esto no significa que tú solo tengas que ser capaz de remediar todo sufrimiento. Basta con no excluir a nadie de tu altruismo.
- No te culpes por no hacer lo que está más allá de tus posibilidades, cúlpate por mirar hacia otro lado cuando puedes actuar.
- La bondad y la compasión pueden cultivarse como cualquier otra habilidad física o mental.
- Usa tu habilidad natural de cuidar a tus seres queridos como punto de partida para extender tu bondad más allá de tu familia y tus allegados.

Amabilidad

Tendemos a ver la amabilidad como debilidad, mientras que es en la arrogancia y la agresividad donde yo veo signos de fragilidad. El día en que aquellos que son socialmente señalados como débiles ya no sean los buenos, sino los agresivos, los malos y los arrogantes, ¡la sociedad habrá progresado! Desafortunadamente, hay culturas corporativas y familiares en las que los individuos creen que al ser benevolentes te pones en riesgo. Tengo un amigo que es profesor de medicina y cuyo lema es: «Si nadas con tiburones, sobre todo, no sangres». Para él, yo era amable porque había renunciado a mi carrera académica y no competía con nadie: creía que dado su nivel de responsabilidad esto era imposible. Tal vez tenía razón. Es verdad, en algunos ambientes mostrar amabilidad y bondad no es tan fácil.

La confusión entre bondad y debilidad también me recuerda a un libro de Thomas d'Ansembourg, *Deja de ser amable; ¡sé auténtico!*[6] Tengo grandes problemas con este título, aunque el libro es bueno, me gusta el autor y responde a la necesidad de que la gente entienda que la bondad no es la única manera de cambiar el mundo. ¿Por qué? Porque de alguna manera alienta a la gente a dejar de ser amable y, en su lugar, poner en marcha algún tipo de autenticidad exento de amabilidad. Pero a mis pacientes tímidos o socialmente fóbicos, que sufren por la sensación de estar «malditos» porque son demasiado amables

6. Ediciones Mensajero, Bilbao, 2015.

y que piensan que la única solución es serlo menos, trato de explicarles que esto no es unidimensional. Es un error pensar que si te pasas del lado de la bondad, automáticamente perderás del lado de la fuerza. En otras palabras, podemos muy bien estar a un alto nivel en ambas dimensiones: ¡a un alto nivel de bondad y fuerza! Sobre todo, no le quites nada a tu amabilidad y trabaja más tu asertividad. *Christophe*

Amigos en el bien

En el *Sutra del estrado*, Houei Neng evoca a los «amigos en el bien», una fórmula genial que nos recuerda que no podemos liberarnos solos, porque tenemos que abrirnos, entregarnos, animarnos, ayudarnos, tender la mano. Este vínculo espiritual, este compañerismo interior, tiene dos características principales para mí. En primer lugar, exige un amor incondicional que no juzga y acompaña incansablemente a quien lucha por el bien hasta el final de sus fragilidades. Al mismo tiempo, lejos de toda complacencia, invita a su amigo a superarse, a salir de sí mismo, a apartarse de los mil y un determinismos que pueden interponerse en su camino. Houei Neng, como Aristóteles, ve en la amistad una complicidad que nos hace mejores personas. Desgraciadamente, la mayoría de las veces el vínculo con el otro es sólo una relación de negocios, como dijo Séneca, que acaba cuando el interés que trae consigo queda satisfecho. *Alexandre*

Amor

El amor y la sabiduría parecen ser incompatibles, ya que el amor evoca a menudo la ceguera y el apego, mientras que la sabiduría, por el contrario, es fruto de la lucidez y la liberación. Por lo tanto, probablemente sea necesario aclarar el tipo de amor del que se habla en este libro: no amor-pasión, amor posesivo y abusivo, sino más bien amor-entrega, amor generoso, amor altruista: amor que desea el bien del otro y no lo pone bajo su tutela y control. El amor en el que uno está dispuesto a hacerse a un lado por el bien de la persona amada o los seres queridos, ya que este amor altruista nunca es exclusivo. Sí, el enamoramiento permite escribir hermosas historias para la literatura y el cine; en la vida real, las historias no son tan bellas... El amor altruista parece ser un concepto preferible: no es incompatible con el apego, el deseo, ni siquiera con las idas y venidas de la pasión, pero no impide abrirse al mundo y a los demás, a todos los demás. Ni con declinarse por una infinidad de facetas: afecto, amistad, simpatía, benevolencia, compasión, ternura... *Christophe*

Angustia

En un momento de angustia particularmente doloroso, Matthieu me ayudó una vez a contemplar la naturaleza de mis miedos, sus contornos, sus consistencias. Lejos de parecerse a una avalancha de rocas que cae por una montaña y se lleva todo a su paso, o a un incendio que arrasa un bosque y consume hasta el rincón más remoto, pude ver que los miedos y las dudas son sólo un producto de nuestra mente. El ejercicio es experimentar directamente, ver que la conciencia es infinitamente más grande que los sufrimientos psíquicos que nos aprisionan. Es una locura cómo el ego se centra en la amenaza, en lo que podría salir mal, en las piedras que podrían eventualmente caer sobre nosotros. Transformar la mirada es practicar sin ingenuidad la apreciación de todo lo que va bien en la vida, con nuestros seres queridos, nuestros hijos, nuestros amigos, sin dar demasiada importancia a la avalancha de pensamientos premonitorios que arruinan cualquier posibilidad de descanso, alivio y tranquilidad.

Básicamente, se trata de acostumbrarse a la idea de que vivimos en un universo donde la tragedia siempre está al acecho. El desafío está en encontrar, descubrir una alegría sólida, serena y flexible en un mundo marcado por lo efímero. Cien veces al día, deslocalizarse, abandonar ese punto de vista miope sobre el mundo, esa paranoia que acecha por todas partes. Nada contraría más a esta lucidez que un seudométodo. Ciertamente, todo lo que tienes que hacer es ver las noticias de la televisión para recibir ese inmenso diluvio de miseria, injusticia, enfermedad... y perder la esperanza.

Nuestro cerebro, ese hipersofisticado aparato mental, ¡parece casi programado para focalizarse en lo que nos atrapa! De ahí ese estado de alarma casi inquebrantable y la larga procesión de temores, de rechazos, de miedo a disgustar a los demás, la obsesión por las enfermedades, la muerte y muchas cosas más... Pero el modo por defecto de nuestro equipo interno puede que no sea totalmente de granito. Precisamente, la ayuda de un amigo es capaz de dinamitar lo que nos deprime. Como un virtuoso mecánico, con infinita paciencia, Matthieu me muestra que el camino del miedo es un callejón sin salida, un error... de dirección. Su excepcional agarre a la carretera me da fe cuando tiendo a pasar al modo auto de choque. *Alexandre*

VER TAMBIÉN ANSIEDAD, NO-MIEDO, MIEDO

Ansiedad

En psicología, el miedo hace referencia a la totalidad de las reacciones del cuerpo y la mente ante la presencia de un peligro real y concreto. La ansiedad, en cambio, se refiere a las reacciones que tenemos ante la posibilidad de peligro, es decir, un peligro que se aproxima o que se imagina. Como se suele decir, la ansiedad es un miedo que no tiene sentido. Sin objeto inmediato, pero no sin realidad, ¡tanto esclaviza a nuestro cuerpo como a nuestra mente!

La mayoría de las veces no nos damos cuenta de que los ansiosos han dejado nuestro mundo para entrar en otro universo que ya no obedece a las mismas reglas. La información se procesa de manera muy diferente en este mundo virtual: aunque un riesgo represente sólo una posibilidad entre mil millones, seguimos obsesionados con esta pequeña posibilidad. No seguimos la misma lógica que una persona no ansiosa. Y lo mejor que uno puede hacer para resolver y superar la ansiedad es volver al mundo real. A veces por medios simples: caminar, contemplar la naturaleza, trabajar, salir, actuar, hablar con amigos... Todo esto nos vuelve a anclar en lo que existe, lo que está ahí, recordándonos que tenemos los recursos para hacerle frente. Por eso, las ansiedades que se apoderan de nosotros en medio de la noche son las más violentas: estamos solos y no podemos recurrir a la acción o la distracción.

La paradoja es que a las personas ansiosas no les va tan mal ante las dificultades reales cuando sobrevienen;

pero se agotan imaginándolas, prediciéndolas, esperándolas, planificándolas. Porque el cerebro ansioso trata la virtualidad como realidad, con la misma seriedad y energía.

Lo que puede ayudar es estar dispuesto a poner al miedo en su lugar, sin dejar que ocupe *todo* el espacio. E invitar a nuestra mente a todo lo demás, como hacemos en la meditación consciente. La meditación no es pensar con los ojos cerrados, sino que involucra a todo el cuerpo. Cuando meditamos, prestamos atención a nuestra respiración, nos reconectamos con nuestro cuerpo, escuchamos los sonidos que nos rodean. Volvemos a la realidad, y esta realidad nos ayuda, poco a poco, a salir de la ansiedad extrema. El cuerpo, incluso cuando estamos ansiosos o asustados, siempre está en lo real, nunca en lo virtual. Y una vez anclados en lo real, en lo tangible, podemos observar mejor nuestros pensamientos, con perspectiva, dejarlos pasar como dejamos escapar cada exhalación. Y cada vez que vemos nuestra mente oprimida, retractarnos de los miedos, volver a empezar, reabrir una y otra vez nuestra atención a todo lo que está ahí, y no sólo al miedo…

Hay muchos otros enfoques para tratar la ansiedad, pero lo que las personas que la padecen necesitan entender es que no pueden usarse en medio de una tormenta: no se aprende a utilizar un paracaídas cuando el avión está a punto de estrellarse. Es necesario un tipo de entrenamiento existencial, si se parte del principio de que la condición humana implica sentir regularmente momentos de ansiedad o desesperación. Es un bagaje psicológico del que, en mi opinión, no podemos prescindir. De lo contrario, corremos el riesgo de vernos abrumados por ataques de ansiedad o de depender de tranquilizantes, alcohol y otras cosas para tranquilizarnos. *Christophe*

VER TAMBIÉN ANGUSTIA, MIEDO

TRES CONSEJOS DE CHRISTOPHE
FRENTE A LA ANSIEDAD

- Desobedecer a la ansiedad siempre que sea posible: ¿Nos dice que nos retiremos? Avancemos, ¡a ver qué pasa! ¿Nos empuja a pensar sólo en ella? ¡Abramos nuestro campo de atención para pensar en todo lo demás (nuestra respiración, nuestro cuerpo, el mundo que nos rodea)!
- Si nos resulta demasiado difícil luchar contra nuestras mayores preocupaciones, busquemos otras más pequeñas que sean accesibles a nuestros esfuerzos. Con ellas nos entrenaremos para enfrentarlas repetidamente, porque una vez no es suficiente. Los mecanismos de liberación son los mismos, sin importar cuáles sean los

temores. Los esfuerzos para liberarse de los pequeños miedos son los mismos que nos servirán para los grandes.

⁂ Y no olvidemos la psicoterapia: Es en nuestras ansiedades donde obtiene sus mejores resultados, sobre todo gracias a las terapias conductuales y cognitivas, las terapias de aceptación y compromiso y las basadas en la conciencia plena.

A posteriori

La vida nos da muchas lecciones, pero no siempre somos buenos estudiantes: a menudo nos olvidamos de aprenderlas y revisarlas. Cuando ocurre un evento significativo en nuestras vidas, ¿nos tomamos el tiempo de reflexionar sobre él después? No hablo de darle vueltas a las cosas, es decir, de tener una mente que pasivamente y en vano rememora una y otra vez lo que pasó. Hablo de reflexionar: detenernos y darnos tiempo para retomar y entender lo que pasó, para poder decidir mejor lo que vamos a hacer a continuación. Ésta es la única manera de transformar nuestras experiencias de adversidad en experiencias de vida; de lo contrario, se convierten en heridas o traumas.

¡Ay, muy a menudo no nos tomamos este tiempo! Por pereza, por miedo, por el deseo de no sufrir... Pero también sin darnos cuenta: porque entre los males de nuestro tiempo está la aceleración de los ritmos de la vida. En el ocio o en el trabajo, estamos cada vez más sujetos a esta lógica que los economistas llaman *just-in-time*: suprimimos el más mínimo tiempo libre para actuar, para llenar cada segundo con acciones productivas. Ahora bien, es esencial hacerse presente después de lo que acabamos de vivir, hacer, decir u oír: ¿en qué estado estamos? ¿Qué opiniones, pensamientos y emociones predominan en nosotros? Este tiempo de digestión de los acontecimientos es particularmente esencial después de un conflicto, un altercado, una contrariedad: sobre todo, no hay que pasar a otra cosa de inmediato, no nos apresuremos a volver con las pantallas, el trabajo, las quejas…

En resumen, no hay que huir del malestar emocional, sino que, por el contrario, hay que tomarse el tiempo de meditar sobre lo que nos ha pasado, observar el estado en el que nos ha dejado, y pensar lo que podríamos hacer ahora, de forma meditada y no impulsiva… *Christophe*

Arrepentimiento

El campo del arrepentimiento ha sido ampliamente estudiado por los científicos porque es una causa de pérdida de energía psicológica. Hay varias formas de entender el arrepentimiento: en primer lugar, están los «arrepentimientos calientes», que se producen inmediatamente después de actuar, y los «arrepentimientos fríos», que aparecen un día, un mes o unos años más tarde, cuando de repente nos damos cuenta de algo (por ejemplo, los adultos que, cuando tienen hijos, se dan cuenta de las cosas injustas que les dijeron a sus propios padres cuando eran adolescentes).

También distinguimos entre el arrepentimiento por acción y el arrepentimiento por inacción. Puedo arrepentirme de haber dicho algo, pero también puedo arrepentirme de no haberlo dicho. Los investigadores afirman que el arrepentimiento por acción («hice algo que no salió bien y que es perjudicial para mi imagen, para mis intereses e incluso puede que para los demás») conduce a un arrepentimiento caliente, porque la situación es inmediata: he actuado, he fallado y siento el dolor del fracaso. A menudo, para evitar el arrepentimiento caliente, algunas personas se refugian en la inacción, ya que una forma de evitar los arrepentimientos calientes es no hacer nada. Pero no puedes protegerte de los arrepentimientos fríos, porque la no-acción también puede provocar arrepentimiento: podría haber hecho esto, debería haber hecho aquello, y no lo hice.

En pocas palabras, cuando pedimos a voluntarios que hagan un balance de aquello que creen que les ha perjudicado más a lo largo de su vida, se arrepienten de las cosas que no hicieron más que de las que hicieron. Suele haber multitud de cosas en nuestra vida que no nos atrevemos a hacer o no tenemos el valor de hacer, y esto lleva al arrepentimiento a largo plazo, abriendo océanos de virtualidad mucho más grandes que los del arrepentimiento por acción. Por ejemplo, si no me atrevo a acercarme a alguien que me gusta, es posible que mis pensamientos de arrepentimiento me remuevan durante mucho tiempo («si me hubiera atrevido y hubiera funcionado, mi vida habría cambiado»). Pero si me acerco y me rechazan, no hay que darle muchas vueltas: ya está hecho, la realidad se ha expresado y no me queda más remedio que dar media vuelta y pensar en otra cosa. ***Christophe***

EL CONSEJO DE CHRISTOPHE

Ejercicio pedagógico: Cada vez que decimos «no debería haberlo hecho», deberíamos añadir a continuación: «¿qué voy a hacer a partir de ahora?». Lo importante es lo que hemos aprendido de ello. Ambas frases deberían ir unidas. Si pasamos demasiado rápido a la acción sin haber aceptado la mordedura del arrepentimiento o la culpa, es peor. Si nos quedamos bloqueados en la culpa sin pensar en lo que vamos a hacer, también es peor. El arrepentimiento por una acción anterior debe usarse para una acción posterior. ¡Y no para obsesionarse con él!

Ascetismo

En *El cuidado de sí,*[7] Michel Foucault apela a Séneca para mostrar la necesidad del ascetismo, también conocido como trabajarse a uno mismo: «Aquellos que quieran salvarse deben vivir cuidándose sin cesar». Porque el hombre no ha salido del vientre de su madre totalmente hecho. En la tradición antigua, muchos verbos se refieren a ejercicios espirituales: «dedicarse a sí mismo», «hacerse a sí mismo», «transformarse», «volver a sí mismo». Si hay una mirada narcisista que nos pierde en una vana introspección, hay sin duda una manera de liberarse de las tristes pasiones, de dejar el modo de pilotaje automático. Me gusta la idea de desocuparse, de vaciarse de lo superfluo, de abrirse para acoger la vida tal como se da. ¡Pero nada está decidido de antemano! ¿Cómo podemos lograr el equilibrio correcto entre un feroz endurecimiento del esfuerzo y la laxitud, el letargo total?

Seguir a Chögyam Trungpa en este caos es probar el enfoque del mecánico y dejar de acusarnos, de culparnos por reparar a los vivos. Sí, incluso la más sincera intención altruista puede doblegarse ante el miedo, los fantasmas, la ausencia. Y la mejor voluntad del mundo puede no ser suficiente para disipar el egocentrismo, para aca-

7. Akal, Madrid, 2019.

bar con el narcisismo. Embarcarse en un ascetismo alegre es ya, sin vacilar, reconocer las pérdidas, contemplar sin miedo, como un buen mecánico, la carrocería abollada, las llagas del corazón y del alma. *Alexandre*

Aspiraciones

¿Qué es lo que realmente importa en la vida? ¿Qué identificamos, en nuestro interior, como esencial? Debe de haber algo dentro de nosotros que nos anime, una dirección que se imponga y dé sentido a cada uno de nuestros pasos. Vivir no es contentarse con vagar al dictado de los encuentros y las circunstancias, improvisar lo mejor que podamos, día a día. Es obvio que la primera meta de todo ser sensible es mantenerse vivo. Hay momentos, o lugares en el mundo, en los que esto es incluso una prioridad absoluta, porque nos enfrentamos a guerras, hambrunas, epidemias, desastres. Pero cuando no te sientes amenazado inmediatamente, aunque la impermanencia se esté abriendo paso y nunca sepas lo que pasará al día siguiente, debes decirte a ti mismo que no vas a «matar el tiempo» y pasarte la vida desperdiciándolo. Esto no significa despertar por la mañana y decidir que vamos a cambiar el mundo, sino que es esencial considerar una continuidad, una dirección, en lo que queremos lograr sobre todo en nuestras vidas. A algunas personas no les gusta la idea de la «autoconstrucción perpetua». Sin embargo, mes tras mes, año tras año, es posible convertirse en una persona mejor, más desinteresada e iluminada. No podemos decidir de la nada que vamos a ser 100 % altruistas y a ponernos al servicio de los demás, pero hay un margen de maniobra considerable para avanzar hacia una forma óptima de ser.

Personalmente, siempre me he preguntado: «¿Qué es ser feliz? ¿Acumular placeres? ¿Encontrar una satisfacción más profunda? ¿Comprender cómo funciona mi mente? ¿Aprender a ser mejor con los demás?». Es importante hacerse esta pregunta con regularidad y, cuando veinte años después miremos hacia atrás, deberíamos sentirnos como el granjero que ha hecho todo lo posible por cultivar bien su campo. Aunque las cosas no siempre salgan como esperas, deberías ser capaz de decirte a ti mismo: «No me arrepiento, porque lo hice lo mejor que pude, dentro de los límites de mis capacidades». *Matthieu*

Autocompasión

Muchas personas sienten una desconfianza inicial hacia la noción de autocompasión: «¿Qué es este asunto que hará que la gente sea más egocéntrica?». Y luego, cuando termina esta percepción, descubrimos que, de hecho, en la autocompasión, hay varias dimensiones, incluyendo la de la gentileza y el respeto a sí mismo, la autobenevolencia.

A menudo les decimos a nuestros pacientes: «Trátate a ti mismo como tratas a tu mejor amigo». Cuando un amigo sufre un fracaso, no le decimos: «¡Eres un inútil!», sino, más bien: «Vamos a ver qué ha pasado...». Es común encontrar gente terriblemente violenta consigo misma. Hay otra dimensión crucial en la autocompasión, y es la conciencia de que el sufrimiento es parte de la experiencia humana, que, cuando sufrimos, estamos al lado de muchas otras personas que también sufren. Y la idea es no decir: «Hay peores sufrimientos que los tuyos» o «No eres el único que sufre», ni tampoco intentamos evitar que el sufrimiento exista. El objetivo es comprender que, al final, este sufrimiento es una experiencia humana universal y que, de hecho, cuando sufro, no estoy solo, ni soy raro, ni estoy aislado, ni soy un fracasado; sólo estoy en una humanidad compartida. ***Christophe***

B

Biofilia

La biofilia (literalmente, «amor a la vida») se refiere, según el biólogo Edward O. Wilson, a «la instintiva inclinación humana a amar y proteger la naturaleza». La mayoría de nosotros la sentimos de forma espontánea, a menudo sin ser conscientes de ello: la naturaleza nos atrae, nos calma y nos deleita. Es propicia para una buena salud física y mental. El espectáculo de la naturaleza es también una fuente de inspiración que no engendra una sensación de saturación, a diferencia de muchos otros placeres y sensaciones cotidianos que se apagan y se desvanecen a medida que se disfruta de ellos. La biofilia es, por lo tanto, una sabiduría innata que nos lleva a respetar nuestro entorno natural.

Esta afinidad con la naturaleza, que está profundamente arraigada en nuestra constitución biológica, ha sido objeto de algunas investigaciones muy interesantes:

cuando se presentan fotografías de paisajes variados a diferentes personas, las más apreciadas son las que muestran vastos paisajes de sabana salpicados de lagos y pequeñas arboledas elevadas. Es sorprendente el hecho de que esta preferencia es una constante transcultural independientemente del origen geográfico de las personas entrevistadas, ¡incluyendo a los esquimales que nunca han visto tales paisajes! Esta reacción puede explicarse probablemente por el hecho de que, para nuestros antepasados, que procedían de regiones subsaharianas, los lugares ligeramente elevados con una vista despejada y unos pocos árboles como refugio ofrecían un punto de vista ideal para observar a las presas, de las que se alimentaban, y los depredadores, a los que temían. El exuberante verdor evoca la abundancia, y los abrevaderos, las condiciones para la supervivencia. Contemplar tales paisajes crea en la mayoría de nosotros una sensación de paz, seguridad y satisfacción.

También sabemos que aumentar el contacto con la naturaleza tiene un impacto significativo en el desarrollo cognitivo y emocional del niño. Observar la naturaleza de cerca, ver la interdependencia de la biosfera, comprender cómo las plantas y los animales se las arreglan para sobrevivir, asociarse, cooperar o competir, y resolver desafíos a menudo complejos, son todas lecciones valiosas que ayudan a encontrar soluciones a muchos de los problemas que encontramos en nuestras vidas. En California, un estudio demostró que los estudiantes que disfrutan de aulas al aire libre tienen un mejor rendimiento académico, mayor capacidad de resolución de problemas, de pensamiento crítico y de toma de decisiones. El tiempo que pasan en un entorno natural estimula la creatividad de los niños. Una infancia aislada de la naturaleza también se ve privada de sus beneficios.

Varios estudios inquietantes evidencian también que crecer en una ciudad duplica la probabilidad de que un niño desarrolle esquizofrenia en la edad adulta y aumenta el riesgo de otros trastornos mentales, como la depresión y la ansiedad crónica. En estos niños, el grosor de la materia gris también se reduce en ciertas áreas del cerebro.

En los adultos, la exposición a la naturaleza reduce los pensamientos obsesivos y disminuye la autofocalización negativa, que se sabe que son los primeros signos de diversas enfermedades mentales, en particular la depresión. Estos estudios parecen indicar claramente que la presencia de espacios verdes promueve la salud mental. Por lo tanto, es importante retomar el contacto con los ambientes naturales, aumentar o prerreservar los espacios verdes en las ciudades y diseñar una arquitectura más cercana a la escala humana. Es más importante que nunca cuestionar nuestra forma de vida. ***Matthieu***

VER TAMBIÉN MARAVILLARSE, NATURALEZA

Bondad

Hay varios tipos de bondad: una natural hacia las personas que amamos y que conocemos. Nos esforzamos por mantenerla viva incluso en los días en que estamos cansados y de mal humor, y nos damos cuenta de que ser bondadosos nos hace bien y suele subirnos la moral. Porque hace que dejemos de centrarnos en nosotros mismos y, en general, nos hace vivir momentos agradables y sentir emociones positivas.

Luego está la bondad hacia los extraños con los que nos cruzamos y no volvemos a ver jamás, lo que requiere que tengamos nuestro pequeño *software* cerebral de bondad encendido en nuestra cabeza; de ahí la importancia de los pequeños ejercicios de meditación matutina sobre este tema.

Un poco más difícil, sin duda, es la bondad hacia las personas que son diferentes a nosotros, en su comportamiento, su filosofía de vida, su cultura. Recuerdo una discusión con un paciente: me dijo que él daba limosna sólo a las personas que *hacían* algo (músicos en el metro, por ejemplo), pero que no daba nada a los que pasaban pidiendo una moneda. Y cuanto más agresivos eran, menos daba. Parece lógico: dar sólo a las personas que «se lo merecen». Pero también hay algo absurdo en esta reacción (que a veces observo en mí): tiene su origen en nuestras necesidades (recompensando lo que nos parece «bueno»), en lugar de partir de las necesidades del otro (sobrevivir). La benevolencia no tiene nada que ver con la aprobación; en todo caso, no debería limitarse a las personas que siguen la misma lógica que nosotros.

También hay un concepto que me interesa, el del «deber» de ser bueno. Se habla mucho, por ejemplo, del «deber de interferencia», pero ¿no existe, para todo ser humano, un deber de benevolencia vinculado a todas las formas de vida en sociedad? Desde hace algunos años han aparecido publicaciones sobre los llamados *toxic handlers*, término que podría traducirse como «generadores de bondad». Estos artículos suelen referirse a los empleados de las empresas que siempre son benevolentes con sus colegas, que ayudan a los que tienen problemas en el trabajo y contribuyen a aliviar los sufrimientos relacionados con la empresa; pero puede haber personas bondadosas en todos los grupos humanos. De forma natural, son personas que reconfortan, ayudan y brindan benevolencia a quienes les rodean, todos los días, en pequeñas dosis, de manera discreta, sin presumir de ello ni, a menudo, hablar de ello siquiera, por lo que en gran medida esta actitud forma parte de su forma de ser. Esto está en línea con la «banalidad de la bondad» de la que Matthieu habla a menudo. Estas personas suelen ser invisibles, nunca se les reconoce el papel que desempeñan como generadores de benevolencia.

Cuando miramos a nuestro alrededor nos damos cuenta de que hay muchas personas benevolentes a tu alrededor, ves que hay muchos cuidadores y que, si desaparecen, los grupos a los que «velan» se parten la cara. Éste es el caso cuando, en una familia, muere una persona buena: de repente, la cohesión se desmorona, todo el mundo se pelea. La muerte de mi abuelo, al que estaba muy apegado y que me transmitió muchos de sus valores, provocó una especie de desastre ecológico en nuestra familia a nivel relacional y emocional: surgieron rápidamente conflictos que a duras penas se solucionaron después... Del mismo modo, en un servicio hospitalario en el que trabajé, se jubiló una secretaria de recepción y su ausencia se hacía notar en el ambiente de trabajo, porque era una gran dispensadora de bondad. El tipo de persona que, cada vez que alguien se desahogaba con ella, trataba de limar las asperezas, en lugar de echar más leña al fuego.

Por último, hay circunstancias en las que la bondad nos resulta difícil: cuando nos enfrentamos a personas que parecen comportarse de forma agresiva y manipuladora consciente y deliberadamente. Entonces tenemos que hacer un esfuerzo para no ser hostiles nosotros también, y para llegar a una bondad prudente, sin ingenuidad que, en general, suavizará muchas de estas situaciones.

Christophe

TRES CONSEJOS DE CHRISTOPHE
PARA CULTIVAR LA BONDAD

- La bondad es como esas pequeñas briznas de hierba que logran crecer entre las losas de hormigón: aunque no haya espacio, terminan saliendo y alegrando el ambiente.
- Es importante disociar la bondad de los juicios de valor. Todos los seres humanos la merecen. No es una recompensa, sino un reconocimiento de su humanidad. Seamos lo más benévolos posible, incluso con los que son diferentes a nosotros, incluso con los que juzgamos malvados. La bondad sólo puede despertar o revelar su humanidad (y su culpabilidad).
- Lo mejor que podamos, llenemos nuestros días y nuestros encuentros con miradas, gestos y palabras de bondad. Seamos «bondadosos» tan a menudo como sea posible. Cuando los árboles producen oxígeno, cuando los humanos producen bondad, la Tierra y la humanidad están mejor.

Bondad incondicional

La bondad incondicional consiste en no excluir a nadie de nuestro corazón. El círculo de nuestra bondad se va extendiendo hasta que sus límites se difuminan, como si fuera el espacio que contiene a todos los seres. Por supuesto, no podemos aspirar al bien de todos los seres del planeta, incluyendo los ocho millones de especies animales; es una gran idea, pero está más allá de nuestros límites. Por otro lado, cualquier ser que entre en nuestro campo de atención puede convertirse en objeto de esta bondad.

Algunos de los filósofos con los que he mantenido conversaciones, Jonathan Haidt en particular, piensan que ésta es una posición ingenua, poco realista y poco práctica. Según él, la bondad debe aplicarse a nuestros seres queridos y no tiene sentido querer incluir a todos los seres. Sin embargo, al extender nuestra bondad a todos, no amamos menos a nuestros seres queridos, los amamos más. Si, en lugar de brillar con toda su fuerza sobre todos, el sol decidiera brillar sólo sobre un cierto número de individuos, los pocos rayos restantes iluminarían peor y calentarían menos a esas personas. Quien ama sólo a una pequeña parte de los seres tiene una bondad parcial y encorsetada. Es más, cuando las circunstancias de la vida colocan a ciertos seres más cerca del sol de nuestra bondad, como si estuvieran físicamente más cerca de nuestra estrella, reciben más calor y luz de forma natural. Pero esto nunca es a costa de la exclusión. La bondad excluye, por lo tanto, la parcialidad, el fanatismo, el dogmatismo y la discriminación, que son todos los males de nuestra sociedad. En resumen, la bondad incondicional no es irrealizable. Basta con desear de todo corazón: «Que todos los seres sin excepción encuentren la felicidad y se liberen del sufrimiento». *Matthieu*

EL CONSEJO DE MATTHIEU
PARA LA BONDAD INCONDICIONAL

- Esforcémonos por ampliar continuamente el círculo de nuestra bondad para incluir a tantos seres como sea posible.
- Deseemos que llegue el día en que ningún ser sea excluido de nuestro corazón.
- Démonos cuenta de que la bondad incondicional no está fuera de nuestro alcance: todos los seres desean evitar el sufrimiento y alcanzar la felicidad. Basta con desear que sus aspiraciones se cumplan para que la bondad se extienda a todos estos seres.
- Simultáneamente, aumentemos de forma gradual la implementación de esta bondad a través de nuestras palabras y hechos.

Buda

Buda no es un dios ni un profeta ni un santo, sino un ser iluminado. Su enseñanza, el Dharma, es un manual, un mapa para alcanzar la Iluminación por uno mismo. «Te he mostrado el camino, pero depende de ti recorrerlo», dijo el Buda. Su enseñanza tiene como objetivo identificar las causas del sufrimiento y remediarlo. No sólo los sufrimientos evidentes que todos reconocemos fácilmente como tales, sino más bien el sufrimiento del cambio, vinculado a la impermanencia de todas las cosas, y el sufrimiento latente que permanece omnipresente mientras no se erradiquen sus causas fundamentales: la animosidad, el deseo compulsivo, la falta de discernimiento, el orgullo y los celos.

Además de estas importantes causas, la principal causa de nuestro sufrimiento es nuestra ignorancia de la verdadera naturaleza de todas las cosas: distorsionamos constantemente la realidad, tomando como permanente, intrínsecamente existente y autónomo, lo que es impermanente, desprovisto de existencia propia e interdependiente.

El budismo también distingue entre la verdad última o absoluta y la verdad relativa o convencional. La verdad última es la unión no dual, más allá del intelecto, del sujeto y el objeto, los fenómenos y el vacío, la sabiduría y la compasión. La verdad relativa es la del mundo fenoménico que se rige por la ineludible ley de causa y efecto.

El budismo se ofrece a todo aquel que se interese por él, pero no hace proselitismo. ¿No dijo el Buda «no aceptes mis enseñanzas por simple respeto a mí, sino examínalas cuidadosamente, como se comprueba la pureza del oro martillándolo, frotándolo con una piedra y fundiéndolo»? *Matthieu*

Buena salud

Hacer frente a una discapacidad, una enfermedad crónica, un trastorno mental o a una lesión que se resiste a los tratamientos requiere ciertamente un estilo de vida saludable y fortaleza. Lo que puede ayudar a progresar es la idea de la buena salud. En *La gaya ciencia*,[8] Nietzsche evoca este conocimiento nunca fijo, esta capacidad que abarca los altibajos de la vida. A veces, cuando salgo de la consulta del médico y no puedo hacer absolutamente nada para sentirme mejor, me digo a mí mismo que es precisamente aquí donde comienza el desafío. La buena salud deja a mucha gente al margen. Ante esta impotencia, para no hundirse para siempre, es vital poner en marcha la vida. ¿Qué puedo hacer? ¿Qué acción puedo llevar a cabo, aquí y ahora, para que el mal no triunfe, para que la vida siga fluyendo mejor? Cada día, el primer pensamiento que me viene a la mente es «estoy harto». Estoy harto de este estado de cansancio permanente, de las

8. *Op. cit.*

dificultades que no necesariamente van a mejorar, de las burlas que voy a recibir… ¿Puede haber una brecha de libertad en este caos? Desde este momento, no añadir más leña al fuego, no cansarse de estar harto y experimentar un arte de vivir que nos permita, a cada instante, hacer el bien y ser felices.

Además, Nietzsche, que estuvo enfermo toda su vida, nos enseña que el clima y el lugar donde vivimos son esenciales para una «buena salud». Además, el filósofo nos advierte contra el «culo de plomo», ese verdadero pecado contra el espíritu que, según él, nos inclina al prejuicio. Me gusta cuando nos invita a sentarnos lo menos posible, a nutrir nuestras ideas al aire libre, a hacer que circule la vida. A sus ojos, la elección de la comida, el clima, el lugar donde vivimos, pero también los medios que adoptamos para recrearnos son cruciales. Aunque llevemos nuestra incomodidad con nosotros, quizás ése sea un terreno mejor para disolverla. También somos un cuerpo, una fisiología, músculos, nervios, pasiones, deseos. Creer que estamos aislados del medio ambiente, que no estamos unidos la naturaleza, es sin duda darse contra un muro. ***Alexandre***

VER TAMBIÉN CAOS, NIETZSCHE (FRIEDRICH)

Cambio

Mucha gente piensa que es imposible cambiar realmente. Es porque confunden lo difícil con lo imposible. Nadie puede ocultar su verdadera naturaleza, porque esta siempre vuelve a salir a la superficie. Pero lo natural, como un caballo, ¡no necesariamente regresa al galope si le hemos enseñado a moverse al paso! O si no intentamos cazarlo sino domesticarlo. El temperamento no es inevitable y sería un error pensar: «Así es como soy», «Esta es mi naturaleza»...

Sin embargo, no debemos sobreestimar la fuerza de voluntad. Aquellos que dicen «si quieres, puedes» ciertamente tratan de progresar, pero fracasan porque piensan que la decisión y el detonante son suficientes. Sin embargo, no podemos decretar la movilización general de nuestra voluntad en cada momento del día, ante una preocupación, un aumento de la emoción o una situación complicada. Necesitamos automatismos facilitadores, «buenos reflejos», aunque decidamos no seguirlos si es necesario. Me parece que esto es lo que está en juego en el entrenamiento de la mente.

Así como el entrenamiento del cuerpo nos permite correr más tiempo sin tener que esforzarnos ni «reventarnos», como decimos en el lenguaje deportivo, la mente nos permite funcionar con mayor serenidad, y por lo tanto más libremente, sin ser absorbidos por el esfuerzo ni concentrarnos en la dificultad: es una paradoja, pero nuestra libertad interior necesita automatismos, buenos reflejos para poder ejercitarse plenamente.

Sin embargo, el entrenamiento de la mente no es sólo una cuestión de querer cambiar, no procede sólo de la reflexión: no basta con reflexionar sobre los propios límites y objetivos. Por eso está muy ligado, para mí, al descubrimiento de la meditación de la atención plena. Porque cuanto más medito, más claramente veo la diferencia entre, por un lado, reflexionar *sobre* algo (intenciones, resoluciones) y, por otro, exponerse *a* ellas en un espacio abierto y fluido de conciencia, que uno logra crear cuando se ha puesto en el registro de la atención plena. Debido al funcionamiento específico del cerebro obtenido a través de la meditación *mindfulness*, uno se vuelve más receptivo, más maleable, más abierto, y creo que es un proceso de cambio personal que complementa el obtenido a través del trabajo de la voluntad y la reflexión. *Christophe*

Caminar

Caminar en un ambiente natural es más beneficioso que caminar en la ciudad, aunque el esfuerzo físico sea el mismo. ¿Por qué? Porque en la naturaleza no hay vallas publicitarias, ni contaminación acústica, ni constantes interrupciones de nuestra atención. Nuestra mente puede vivir su vida con tranquilidad: libre de reflexionar, divagar, imaginar... Con continuidad y tranquilidad. En un entorno urbano o artificial hay dispositivos deliberadamente diseñados para captar nuestra atención. Ya sea para protegernos (señales sonoras o luminosas en los cruces de peatones, bocinas de automóviles) o para confundirnos (anuncios, cada vez más omnipresentes e intrusivos). Entonces dejamos de mirar hacia dentro y, por el contrario, reaccionamos: ya no es posible desarrollar y profundizar nuestros pensamientos o sentimientos, ya que nuestra atención está constantemente distraída. Ya no estamos en libertad, sino en servidumbre: nos acostumbramos a prestar atención a lo que se nos muestra, en lugar de elegir lo que queremos observar. La sabiduría necesita interioridad y libertad. Tal vez por eso parece más fácil cultivarla en la

calma de la naturaleza que en el ajetreo de las ciudades.
Christophe

VER TAMBIÉN BIOFILIA

Caos

En *Así habló Zaratustra,*[9] Nietzsche escribió que el caos en nuestra alma es necesario para dar a luz a una estrella danzante. Lo menos que puedo decir es que, en lo que respecta al caos, tengo la impresión de que voy bien servido: debido a mi problema técnico básico, debo de lidiar con una actitud mental que se centra más bien en la ansiedad y en el reciente episodio en el que me enamoré de un joven hasta el punto de caer en una adicción que me perturbó bastante. Paradójicamente, este episodio puede que me haya ocasionado más problemas que las dificultades inherentes a mi discapacidad: vergüenza, miedo al rechazo, acrasia... Todo contribuyó a sobrecargar un barco que ya estaba haciendo aguas por todos lados. De ahí una pregunta crucial: ¿qué nos impide, en medio de la confusión, hundirnos? En la tempestad, ¿dónde encontramos la fuerza para continuar y, paradójicamente, para soltar, para seguir nuestro camino y mantener el rumbo una vez consolidado el abandono?

9. Planeta, Barcelona, 2017.

En primer lugar, cuando sobre todo temía el rechazo, los juicios, los dedos señalándome, hubo manos que nunca me abandonaron. Mi esposa, mis hijos y mis amigos en el bien fueron los testigos de la bondad de la vida, incluso cuando estaba perdido en el fondo del abismo. Es en medio del caos y el tormento cuando necesitamos entrar en la escuela de la sabiduría, construir la libertad, recolectar milímetro a milímetro la cosecha que obtiene quien progresa. A qué triste malentendido lleva creer que trabajar por la pacificación interior significa irremediablemente reprimir toda sensibilidad, convertirse en un *débil*, un alma ya muerta, encerrada en un calabozo...

Como nos recordó Chögyam Trungpa, gran parte de nuestro sufrimiento proviene de nuestra incapacidad para dejar ir, de nuestra negativa a ver el mundo tal como es y del paquete de neurosis que se reciclan a cada momento. Siempre necesitamos puntos de referencia, la esperanza de salir del caos, de llegar a tierra firme. Sin embargo, en última instancia, es en la vida cotidiana, con los medios que tenemos a mano, cuando todo se agita a nuestro alrededor, cuando debemos aprender a bailar, experimentar que la vida, en el fondo, está ganando terreno. ***Alexandre***

VER TAMBIÉN CONTROL

TRES CONSEJOS DE ALEXANDRE
PARA APRENDER A BAILAR EN EL CAOS

- Poner pausa: Quien está acostumbrado a luchar contra la adversidad puede encontrar difícil disfrutar del cielo azul, relajarse en la playa tumbado boca arriba. ¿Qué significa el descanso para mí? ¿Una especie de muerte, una existencia zombi? ¿Qué es lo que me regenera, me resucita, me recrea en el fondo?
- Encontrar el placer intrínseco del ascetismo: Los antiguos filósofos compararon a quien progresa con un deportista. Uno puede imaginarse lo duro que debe de ser participar en una maratón para alguien a quien no le gusta correr. ¿Hay alegría más sencilla que cepillarse los dientes, meditar, levantarse por la mañana o incluso luchar contra una adicción?
- El crispaciómetro: Un amigo mío a veces me recuerda que podría ir por la vida sin este añadido de angustias y pensamientos obsesivos, esta perpetua agitación que no cambia las circunstancias en las que estoy llamado a progresar. Desde entonces, en caso de pánico, practico un ejercicio: utilizo la brújula interna, una especie de crispaciómetro interior que me dice cuándo tengo que parar, así que nunca caeré en la trampa. Es una herramienta saludable para evitar agotarse en el camino y viajar un poco más ligero.

Celos

Extraño sentimiento, los celos. Uno está celoso de la felicidad de los demás, no de su infelicidad. ¿No es eso absurdo? ¿No sería natural desearles felicidad? ¿Por qué nos vemos afectados cuando son felices? ¿Por qué sentimos rencor cuando vemos sus cualidades? Lo opuesto a los celos es alegrarse de todas las alegrías, grandes y pequeñas, que otros experimentan. Su felicidad se convierte en nuestra felicidad.

Los celos no tienen el mismo atractivo que el deseo, no aparecen disfrazados de justicieros como la ira, no utilizan ningún artificio como el orgullo, y ni siquiera son letárgicos como la ignorancia: sea cual sea el ángulo desde el que los observemos, sólo encontramos un personaje horrible y miserable. El dalái lama suele decir que los celos son la más estúpida de todas las emociones negativas, porque nos hace infelices, nos privan de sueño y nos hacen perder el apetito, mientras que la persona de la que estamos celosos sigue durmiendo bien y no se molesta de ninguna manera. *Matthieu*

Chögyam Trungpa

¿Qué filosofía resistiría la prueba de la ventana? Al fin y al cabo, los pensadores, los sabios, ¿nos ayudan realmente a vivir, a superar los problemas de la vida cotidiana? Una noche, cuando las preocupaciones de mi corazón me roían más de lo habitual, coloqué con mucho cuidado en el alféizar de la ventana el grueso volumen de una antología dedicada a Chögyam Trungpa. Si tenía la tentación de acabar con todo, pensé, este gran maestro, este eminente terapeuta que nos enseña a sanar desde la idea de la curación, se interpondría entre la desesperación y yo, el vacío y el fin. A ojos de algunos, es un personaje singular, si no un loco, ya que sus prácticas han demostrado ser a veces incongruentes y poco convencionales. Sea como fuere, gracias a él, entre otros, el budismo pudo encontrar su camino en la civilización occidental. Nacido en el Tíbet en 1940, Chögyam Trungpa defiende lo que llama «materialismo espiritual», la tentación de evitar la búsqueda interior para agrandar nuestro ego, protegernos y vivir una vida cómoda. Alegremente, despeja el camino hacia la «salud fundamental», la que, en el fondo, nos precede. No somos pecadores, ni retorcidos, ni trastornados. Todos albergamos la plenitud: la naturaleza de Buda.

En compañía de esta maravillosa guía, podemos deshacernos rápidamente de las ilusiones, dejar de perseguir nuestras aspiraciones y eliminar cualquier preocupación sobre nuestra seguridad. En *El corazón de Buda*,[10] este

10. MTM, Barcelona, 2001.

inmenso amigo en el bien nos da una herramienta muy liberadora: «En esta etapa, lo impensable no es sinónimo de desesperanza; lo impensable sólo significa que no nos preocupamos por crear nuevas expectativas».

A cada momento muero y renazco... No hay un ego fijo. ¡Cuánta energía se desperdicia para alimentar el mito de un ego sustancial, inmutable e inoxidable! Iniciarse poco a poco en el no-temer es descubrir que hay dos tipos de confianza. Una consiste en creer que en algún lugar nos espera un chaleco salvavidas, una boya lista para recibirnos; la otra, mucho más profunda, se revela al descubrir que ya estamos flotando, que no necesitamos ningún equipo para navegar por el vasto océano de la vida.

Gracias a Matthieu tuve la suerte de conocer a los discípulos de Chögyam Trungpa. Le pedí a uno de ellos que resumiera en pocas palabras el camino inaugurado por el Vidyadhara, otro nombre de Trungpa; la respuesta fue límpida, sólida y segura: «No tengáis miedo de vosotros mismos», «Siempre pon a los demás por delante de a ti mismo». Aquí no hay masoquismo. Es exactamente lo contrario. Se trata de escapar de la tiranía del yo para convertirse en felices ingenieros de lo vivo, bodhisattvas liberados de la esclavitud del egoísmo. *Alexandre*

VER TAMBIÉN SERIEDAD, MECÁNICO ESPIRITUAL, SOCIEDAD CONSCIENTE

Coherencia

¿Cómo vivir de acuerdo con las propias aspiraciones? ¿Podemos decir una cosa y hacer otra, como si nuestras exigencias se aplicaran sólo a los demás y no a nosotros mismos? Aquellos que se comprometen públicamente con los valores, ¿siguen, en la intimidad de sus corazones y actos, todo lo que profesan en voz alta? Nos sentimos incómodos cuando vemos discrepancias entre lo que dicen algunas personas y su comportamiento privado. Cuando vemos a un miembro del Parlamento criticando la evasión fiscal, fomentando la corrección administrativa y no pagando sus propios impuestos, estamos ante una total incoherencia. No se trata de hacer una caza de brujas y asegurarse de que todos los personajes públicos sean perfectos. Pero que al menos el discurso y la actitud exterior sean coherentes con el comportamiento privado. Y si no es así, o confiesas tu imperfección o te callas y dejas de dar lecciones; y en ambos casos, ¡vuelve a trabajar en ti mismo!

¿Por qué la coherencia es tan valiosa para nosotros? Una primera reflexión que me viene a la mente es la de la diferencia entre un maestro y un profesor: un profesor puede enseñar cierto número de conocimientos y estar bastante lejos de la perfección, pero se espera que un maestro sea ejemplar en su palabra y su comportamiento.

Me parece que se puede hablar de coherencia cuando hay un equilibrio entre los diferentes elementos de una misma entidad: la coherencia de un razonamiento, la coherencia de una persona, la coherencia de una actitud existencial.

La lealtad es otra forma de coherencia en el cumplimiento de los compromisos. Se trata de resistir todas las tentaciones, todas las oportunidades, todas las debilidades, todos los descuidos que puedan alejarnos de nuestros ideales. Un poco como los aparatos de «alta fidelidad», que reproducen un sonido fidedigno, me digo a mí mismo que a todos nos gustaría ser «humanos de alta fidelidad», humanos capaces de llevar una vida conforme a nuestros ideales. Por supuesto, no es sólo una cuestión de coherencia o fidelidad a los ideales, sino también de elección de buenos ideales.

Veo otro problema en esto. Tengo amigos que son muy coherentes con sus valores, que tienen compromisos políticos, confesionales o de otro tipo, que respeto plenamente, pero que son intransigentes y a veces afirman sus convicciones de manera violenta. Y me da la sensación de que en el fondo esta coherencia los paraliza, los cierra, rigidiza su posición. ¿Hasta qué punto la fidelidad a los valores puede ser una luz que nos guíe hacia lo mejor, y en qué punto puede impedirnos cambiar y abrirnos? Por eso debemos elegir bien nuestros compromisos, y no desviarnos de nuestro camino.

En cuanto al trabajo práctico de coherencia que uno puede hacer por sí mismo, tengo mucha experiencia con las invitaciones: me invitan frecuentemente a conferencias, cenas, veladas, y me encantaría poder complacer a todo el mundo, pero, en el fondo, no quiero decir que sí porque estoy cansado y porque no está en la cima de mis prioridades existenciales. Ser fiel a mis valores significa no herir a quienes me solicitan, pero también no herirme a mí mismo. ¿Cómo puedo decirlo? Mentir es la solución más simple, y a menudo he recurrido a ella: «Ah, lo siento, estoy ocupado». Pero, cada vez más, digo: «Lo siento, necesito descansar». O: «Si tuviera más tiempo, me encantaría, pero no puedo», etc. Y cuando respondo por escrito, normalmente lo digo de esta manera: «Quiero ser coherente con mis libros. Animo a todos a cuidarse, a respetarse, a escucharse. Tengo que hacer lo mismo, y por eso no puedo responder a su invitación. Me gusta mucho, es muy bonito, es una gran causa, pero no puedo. No puedo hacerlo». Y, a veces, en los días en que estoy en buena forma, tomo una cita de Jules Renard que escribió en su diario: «El hombre verdaderamente libre es el que puede rechazar una invitación a cenar sin dar ningún pretexto». Así que simplemente respondo, sin justificarme: «Muchas gracias por su invitación, pero no puedo». ***Christophe***

TRES CONSEJOS DE CHRISTOPHE
PARA VIVIR CON COHERENCIA

- Esforcémonos por ser humanos de «alta fidelidad», y ajustar nuestros comportamientos diarios a nuestros ideales lo mejor que podamos. No se trata de ser siempre perfecto, sino de hacer siempre lo posible por acercarse a estos ideales.
- Un ejemplo de una práctica importante que intento aplicar: hacer todo lo posible por no decir nada malo de los demás; y, si lo hago, intentar decir sólo lo que me atrevería a decirles a la cara.
- Los ideales y la preocupación por la coherencia no deben convertirse en tiranía hacia uno mismo: La exigencia debe ir acompañada también de bondad hacia nosotros mismos y tolerancia hacia nuestros errores e imperfecciones. Presentémonos como personas que se esfuerzan por progresar, no como ejemplo de alguien que ha logrado su objetivo.

Compasión

La compasión es la forma que toma el altruismo cuando se enfrenta al sufrimiento de otros. El budismo lo define, de una manera particular, como «el deseo de que todos los seres se liberen del sufrimiento y sus causas». Uno desea remediar las causas como un médico desea poner fin a una epidemia. Esto implica, entre otras cosas, remediar las desigualdades en el mundo, dar acceso a los jóvenes a una educación óptima, mejorar la condición de la mujer, etc., de manera que desaparezca el caldo de cultivo social en el que enraízan los extremismos. Cuando el odio ya ha inflamado los sentimientos de alguien, la compasión consiste en adoptar la actitud de un médico hacia un loco. El primer paso es evitar que haga daño. Pero, al igual que el médico aborda el mal que roe la mente del loco sin tomar un garrote y machacar su cerebro, hay que considerar todas las formas posibles de resolver el problema sin caer en la violencia y el odio. Si el odio responde al odio, el problema no acabará nunca. Uno de los médicos del dalái lama, el doctor Tenzin Chödrak, pasó veinticinco años en campos de trabajos forzados chinos. No tenía simpatía por sus torturadores, pero se las arregló para no ceder al odio. Después de las sesiones de tortura, casi siempre se las arregló para recuperar su compasión. Sentía que a sus torturadores les habían lavado el cerebro y merecían su compasión más que su odio. Eso fue lo que lo salvó. Su mayor temor era perder la compasión que daba sentido a su existencia.

En el budismo, hay una práctica que parece paradójica a primera vista, pero que es muy poderosa. Comenzamos por tomar conciencia de que, cuando sufrimos, no estamos solos en el sufrimiento. Incluso hay algunos que sufren mucho más que nosotros. Entonces nos decimos a nosotros mismos: «En lugar de rebelarse, ¿por qué no abrazar el sufrimiento de los demás con amor y compasión?». A menudo tendemos a pensar que ya tenemos suficientes problemas como para añadir a nuestra carga el sufrimiento de los demás. Sin embargo, es al revés. Cuando asumimos como propio el sufrimiento de otros y luego lo transformamos y disolvemos mentalmente a través del poder de la compasión, no sólo no aumenta nuestro sufrimiento, sino que lo hace más ligero. ¿Cómo se hace esta práctica? Se empieza sintiendo un profundo amor por alguien que está sufriendo, al principio un ser querido. A continuación, le ofrecemos nuestra felicidad y asumimos su sufrimiento como nuestro usando el ir y venir de nuestra respiración. En el momento de la exhalación, expulsamos la alegría, la felicidad y todas nuestras cualidades a través del aire en forma de un néctar blanco, refrescante y luminoso. Entonces visualizamos que si la vida de esa persona está en peligro, se salva; si es pobre, que obtiene todo lo que necesita; si está enfermo, recupera la salud; y si es infeliz, encuentra la alegría y el bienestar. Luego, gradualmente, esta práctica se extiende a todos los seres que sufren. En el momento en que uno inspira de nuevo, imagina que toma sobre sí todos los males físicos y mentales de esas personas, incluyendo sus emociones negativas, bajo el aspecto de una nube oscura. Esta nube entra en nosotros a través de nuestras fosas nasales y se disuelve sin dejar rastro en nuestros corazones, que visualizamos como una masa de luz. Este ejercicio puede practicarse en cualquier momento, en sesiones formales de meditación o en el curso de nuestras actividades.

No es una práctica de sacrificio, ya que el sufrimiento se transforma en compasión. Conocí a un viejo monje que realizó esta práctica hasta su último aliento. Unas horas antes de su muerte, escribió una carta a Khyentse Rimpoché en la que decía: «Muero asumiendo alegremente como mío el sufrimiento de todos los seres, para que sean liberados, y les doy todo el bien que tengo en mí, y todo el bien que he hecho en mi vida». *Matthieu*

VER TAMBIÉN ALTRUISMO, AUTOCOMPASIÓN, BONDAD INCONDICIONAL

Confianza

De los tres a los veinte años, viví el desafío de la separación y algunos traumas como este recuerdo: a los doce años, estaba comiendo tranquilamente un delicioso pastel de chocolate cuando las migas cayeron sobre mi suéter. Una profesora que pasaba por allí me soltó: «¡Vamos a lavar a los cerdos!». Después de desnudarme completamente y a la vista de todos, me arrastró por los pasillos hasta la bañera. Aquel día algo se rompió. Es difícil, después de que te traten así, no considerarse una carga, un sucio cerdo, demasiado sucio. Hoy estoy invitado a entrar, como dice el buen Matthieu, en la escuela de la confianza. Parece que se divide en tres grandes áreas que, por supuesto, están íntimamente ligadas: en primer lugar, la confianza en sí mismo, la autoestima, ese pilar, esa libertad interior, la profunda sensación de que de alguna manera estamos preparados, somos capaces de pasar por los altibajos de la vida cotidiana, de tener acceso a la alegría, la paz y el amor.

En segundo lugar, la confianza en el otro. ¿Por qué la fórmula de Sartre «el infierno son los otros» debería ser necesariamente una verdad indiscutible? Creer en los demás es quizás, sin ingenuidad, abrirse a una experiencia, a un descubrimiento: en lo profundo de cada persona, bajo las heridas, los traumas y los mecanismos de defensa, se encuentra la compasión, el amor, la naturaleza de Buda. A pesar de todas las aparentes refutaciones, se trata de mantener intacta esta convicción: el ser humano es fundamentalmente bueno, generoso, altruista. El lamentable espectáculo del mal cotidiano, de la injusticia, de la violencia, de tantos malentendidos dolorosos, no llama inevitablemente a la desconfianza, al pesimismo, a la desesperación. Por el contrario, no impide que nos comprometamos en cuerpo y alma con una sociedad más justa y solidaria.

Por último, la confianza en la vida, en el mundo: mantener la alegría en el corazón, estar disponible para el presente y el futuro a pesar de los imprevistos y la incertidumbre requiere audacia, ligereza, mucha flexibilidad y una gran libertad para no dar prioridad automáticamente al peor escenario posible.

La teoría, a grandes rasgos, la conozco más o menos. Pero el quid está, por supuesto, en pasar a la práctica, lanzarte a la piscina. Sin la ayuda de la familia y los amigos, estaría atrapado en mis «viajes», mis delirios, miedos heredados del pasado, tenaces reminiscencias de una inseguridad primordial. En momentos de pánico, ¿cómo encontrar en uno mismo una forma suave pero asertiva de contradecir los prejuicios que oscurecen lo real, y desobedecer a esas voces interiores que lo pintan todo negro? El punto de partida, supongo, es confiar... en tu falta de confianza, ir a por ello, avanzar con los recursos disponibles, seguir convencido de que ninguna fragilidad impide el progreso. Donde se hace más difícil es cuando la incertidumbre parece insoportable, cuando el ego exige solidez, permanencia, garantías de hormigón armado, seguros que no existen. Esta vana búsqueda nos agota y nunca nos deja en paz. ***Alexandre***

Control

Uno de los grandes pilares de la vida espiritual es, en primer lugar, aceptar que podemos perder el control. El Eclesiastés me ayuda enseñándome que es en el caos, sin esperanza, donde *debo* descubrir la paz. Me encanta que este escrito bíblico haga hincapié en este famoso refrán: «Vanidad de vanidades, todo es vanidad». Leerlo me cura de muchas ilusiones y me libra de la tentación de creer que tengo dominio sobre el curso de mi vida. Tarde o temprano todo se romperá, todo es impermanente.

Encuentro una especie de liberación al darme cuenta de que todo es frágil. Finalmente, puedo renunciar felizmente a la estabilidad, a la solidez, para aprender a nadar en la impermanencia. Si busco un terreno firme para asentarme para siempre, inevitablemente, me frustraré. La primera noble verdad de Buda nos recuerda que todo es sufrimiento e impermanencia. No soy ni tibetólogo ni sanscritista, pero, como señala Yongey Mingyur Rimpoché en su libro *La dicha de la sabiduría*,[11] podríamos resumir el diagnóstico de Buda diciendo que «todo chirría». La experiencia también muestra que no importa lo que hagamos, no importa cuán puras sean nuestras disposiciones internas, siempre hay algo que está mal. Y, como

11. Rigden, Barcelona, 2010.

dice Bernard Campan: «El truco es dejar que todo chirríe felizmente». Practicar la meditación no es salir de este mundo, sino aprender a vivir juntos, a estar en paz en medio de estos chirridos. *Alexandre*

Cowboy

Recién llegado de Corea, donde había pasado tres años tratando de iniciarme en la meditación y la comprensión de los Evangelios, me encontré cara a cara con un personaje extraño que me dio escalofríos. Yo estaba pasando una época de terribles turbulencias que me habían vuelto muy sensible y, a decir verdad, muy frágil. En los servicios de un restaurante en Lausana, mientras me aliviaba la vejiga, entró un tipo. Realmente parecía una escena de taberna. Me miró directamente a los ojos y me dijo: «¡No eres un hombre, Jollien! ¡Vivimos en un mundo en guerra! Bondad, benevolencia, osos de peluche, ¡estamos hartos!».

En aquel momento, no tuve fuerza para desenfundar palabras bienintencionadas y decirle que, por ejemplo, la generosidad es de todo menos cursi. Que, por el contrario, procede de un coraje sublime, que es como dinamita, capaz de hacer volar suavemente por los aires el egoísmo, la brutalidad, la sed de venganza. Yo habría soñado con replicarle al estilo de Tarantino: «¿Ya está, amigo? ¿Ya lo has dicho todo? ¿Podemos pasar a otra cosa?». ¿Por qué alzamos escudos cuando lo que hay que hacer es promover el no egoísmo, el autosacrificio y el fin de toda lucha?

Hoy en día, ¿no está la revolución precisamente del lado del altruismo, la dulzura, la generosidad? ¿Deberíamos ser duros porque el mundo es duro? ¿Cómo debemos responder a los espíritus apesadumbrados, a los *sheriffs*, los *cowboys* que exaltan la autoafirmación y el poder? ¿Por qué demonios asociamos la no-lucha con la cobardía? ¿No hay un enorme temor en el deseo de refugiarse bajo una armadura, de adoptar una postura de guerra? «¡No eres un hombre!».

Con una gran inseguridad, conmocionado y tambaleante, salí de los servicios con una inmensa sensación de vulnerabilidad. Practicar la solidaridad, considerar al otro como un compañero de viaje en mi mismo barco, no iba a ser fácil... Esa noche sentí una inmensa soledad. *Alexandre*

Críticas

El aprendizaje de la sabiduría no siempre es cómodo o solitario. La imagen del sabio, solo en su rincón, meditando sobre qué hacer con su vida, es a menudo un cliché. Lo que nos hace sabios es también la aceptación de lo que nos molesta, y de aquello nuestro que molesta a los demás. La curiosa y tranquila acogida de las críticas es un ejercicio de sabiduría aplicada. Si están bien fundadas, nos enseñan lo que debemos cambiar. Si no lo son, nos enseñan cómo nos ven los demás o lo que llevan dentro de ellos. *Christophe*

Cuerpo

Como médico, tengo una relación especial con el cuerpo, que es el centro de nuestra profesión. El primer año de mis estudios de medicina fue muy teórico: por supuesto, aprendíamos bioquímica y anatomía, pero no estábamos en contacto con el cuerpo «real». Realmente empecé a estudiar medicina cuando entré en la sala de disección en el segundo año: en una mesa de zinc había un cadáver conservado en formol. Fue bastante impresionante ver aquel rostro y practicar en aquel cuerpo que había sido una persona, que había vivido, amado... Éramos cuatro estudiantes por cadáver. Después del examen del primer año, ese momento constituyó una segunda «criba» despiadada: varios de mis compañeros se desmayaron y acabaron en la facultad de derecho, ¡incluyendo al primero de mi clase! Es una gran paradoja, pero nada te hace pensar más en la vida que un cadáver. Creo que me convertí en médico en esos momentos, sin entenderlo del todo, al relacionarme con aquellos cadáveres, manipularlos y diseccionarlos: más allá de los conocimientos técnicos, esto me hizo pensar mucho en la vida y la muerte.

En medicina, el encuentro con el cuerpo es a menudo violento. Recuerdo el primer paciente que atendí cuando era un interno de tercer año; vuelvo a ver la sala donde hacía mi internado, el sol brillando, la habitación, la cabeza del caballero, un hombre de treinta y cinco años, fumador, cuya pierna acababa de ser amputada debido a la enfermedad de Buerger, una arteritis grave relacionada con el tabaquismo. Descubrí que, en nuestra sociedad, ocultamos voluntariamente todas estas realidades. En las sociedades tradicionales, los niños son más propensos a ver cuerpos enfermos y cadáveres. Pero los niños occidentales están muy protegidos.

En la época de mis estudios, el organicismo triunfaba: el cuerpo se contemplaba como una suma de órganos que interactuaban vagamente. El principio de las «especialidades» (cardiología, dermatología, nefrología, etc.) encarna perfectamente esta medicina de órganos aislados, en lugar de una medicina de personas globales. Este enfoque ha llevado a un gran progreso, pero también tiene sus límites. Hoy en día, repensamos el cuerpo como una entidad sutil, compleja e inteligente, donde todos los órganos se interrelacionan e interactúan entre sí, tienen capacidades de autorreparación y a veces de autocuración que deben ser respetadas.

En un proceso similar, no había ningún interés en absoluto en el cuerpo cuando empecé psiquiatría: los pacientes eran considerados a menudo como puros cerebros tumbados en un sofá. El psicoanálisis, dominante en esa época, era una disciplina intelectual, basada en el concepto y la palabra. Más tarde, cuando trabajaba por mi cuenta en las emociones (nadie nos había dicho casi nada sobre ellas en la universidad), descubrí que eran el vínculo entre el cuerpo y la mente, arraigadas en ambos.

Hoy en día, todos los que trabajan en el campo de la psicología han comprendido finalmente que el cuerpo no es sólo una herramienta o una suma de órganos que deben ser silenciados para que no nos perturben, sino una puerta a nuestra mente, una entidad compleja e inteligente, que debe ser atendida a través de diversos enfoques, como la meditación, la nutrición, el ejercicio físico, etc.

En este cuidado del cuerpo, hay un equilibrio entre la negación y el desprecio, por un lado y, por otro, la obsesión con el cuerpo. Como muchos jóvenes occidentales, yo también tenía un relativo desprecio por mi cuerpo. Recuerdo que me rompí el peroné esquiando. Tenía tanto trabajo que durante una semana no dejé de caminar a pesar de mi fractura, convenciéndome de que era sólo un esguince. Pero me dolía mucho y, finalmente, fui al radiólogo, en el departamento contiguo al mío. Mi colega miró las radiografías, admirando la hermosa fractura, y luego se volvió hacia mí, preguntándose cómo había sido capaz de caminar durante ocho días: «¿En qué pabellón eres residente?». Le dije que estaba en psiquiatría y vi en su rostro una expresión de perplejidad y alivio: «Ah, usted es psiquiatra, entiendo...». Hoy, con la experiencia y la edad, trato de estar más atento y respetar mi cuerpo. De manera que no tenga que preocuparme demasiado por él. *Christophe*

CONSEJOS DE CHRISTOPHE

PARA CAMINAR CON TU CUERPO

⁂ Respetemos nuestro cuerpo como respetamos la naturaleza. No nos pertenece, no de forma exclusiva, como tampoco lo hace la naturaleza. Somos inquilinos del planeta como lo somos de nuestros cuerpos. Nos despojaremos de nuestro cuerpo y la naturaleza nos sobrevivirá cuando nos hayamos ido. Me gusta la frase de Nietzsche: «Esto es lo que tengo que decir a los que desprecian el cuerpo. No quiero que cambien de opinión y de doctrina, sino tan sólo que se despidan de su cuerpo, y que, de este modo, se callen para siempre».

⁂ Cuidar tu cuerpo no es obsesionarte con él, con su apariencia, con su excelencia, sino ofrecerle, en su justa medida, lo que necesita: descanso, relajación, placer, comida, ejercicio... Haciéndolo así, y luego dejándolo en paz, saldrá adelante él solo.

Culpa

La culpa, en un sentido psicológico más que jurídico, es la sensación de que uno no debería haberse comportado de tal o cual manera, de que ha cometido una falta. A veces, esta percepción está disociada de la realidad: algunas personas, por ejemplo, pueden sentirse fácilmente culpables por algo menor, mientras que otras casi nunca se sienten culpables por nada.

A diferencia del sentimiento psicológico de culpabilidad, el sentimiento de arrepentimiento no incluye esta dimensión moral de la culpa: simplemente lamentamos haber cometido un error y la mirada sobre lo que hemos hecho y sus consecuencias es menos emocional y más racional. Por lo tanto, decimos «sentirnos culpables», pero no decimos que «nos arrepentimos»; sólo «tenemos» arrepentimientos. El lenguaje nos ilumina sobre el aspecto omnipresente de la culpa.

La culpa y el arrepentimiento tienen una función psicológica: no trivializar nuestros errores, pensar en ellos y fijarlos en nuestra memoria para motivarnos a no reproducirlos. Así que el sentimiento de culpa es útil. El problema son sus excesos y desviaciones. En cierto modo, es incluso una buena señal: las personas que se sienten culpables suelen ser empáticas y atentas y estar deseosas de actuar de manera justa. *Christophe*

TRES CONSEJOS DE CHRISTOPHE FRENTE A LA CULPA

- No confundas el error (te equivocaste) con la negligencia (rompiste una regla moral). La conciencia de un error nos lleva al arrepentimiento, lo que nos ayuda a progresar. El sentimiento de negligencia nos lleva a la culpabilidad, que puede hacernos sufrir en exceso y avergonzarnos en lugar de ayudarnos a progresar.
- Enfrentarse a la culpa: Aceptar la culpa; hacer lo que antes se llamaba un «examen de conciencia» y sacar de ella enseñanzas para el futuro (¿qué haré diferente a partir de ahora?); reparar y disculparse siempre que sea posible.
- También es importante, si hay un fuerte sentimiento de culpa, no quedarse a solas: Hablar de ello a las personas cercanas y tomar nota de sus sentimientos o, quizás, de su experiencia en situaciones similares.

Curación

La curación se produce cuando la enfermedad desaparece, a veces bajo el efecto del tiempo y, más a menudo bajo el efecto del tratamiento. En las enfermedades psicológicas, casi siempre hay que añadir los esfuerzos del paciente. El hábito de la enfermedad a veces dificulta estos esfuerzos. A veces con la sensación de saltar a lo desconocido. En los trastornos de ansiedad, por ejemplo, en algún momento, en medio de la angustia, para superarla, hay que hacer un acto de fe. Si padezco miedos devastadores, ¡me cuesta creer lo que dicen el terapeuta («enfrenta tus miedos») o los maestros tibetanos («tus miedos no tienen existencia propia»)! Sin embargo, es necesario llegar hasta el final, tengo que tratar de aplicar sus consejos, ya que es un camino que ha sido validado por la ciencia y experimentado por estos maestros. Y ese momento en que la persona ansiosa deja de creerse a sí misma, deja de pensar que tiene razón, que ella o sus hijos están en peligro, o de tener una fe ciega en cualquier otro miedo, ese pequeño momento es decisivo. Es el momento en que la situación puede cambiar, cuando se dice a sí mismo: «Puedo estar equivocado, puedo estar perdido, cegado y esclavizado por mis miedos. Nada de esto funciona. Por lo tanto, es mejor intentarlo, dejar ir mis certezas negativas, lanzarme al vacío y agarrar la mano que el maestro o el terapeuta me tienden, escuchar sus consejos, aplicar su método».

En latín, *fides* significa «confianza» y «creencia» al mismo tiempo. Y ésta es probablemente la razón por la que muchas personas con ansiedad tienen dificultad para dar el paso de ser iluminadas, tranquilizadas o, como mínimo, acompañadas por un cuidador. Su mente les dice: «¡Nooooo! Es peligroso, no te arriesgues, ¡no vayas!». Sólo aceptan consejo si viene de alguien de confianza. Es muy conmovedor ver cómo nuestros libros y nuestras voces ayudan a muchas personas, a distancia, sin habernos conocido nunca. No sólo porque lo que escribimos tiene sentido y es útil, sino también porque confían en nosotros. ***Christophe***

D

Dalái lama

A menudo se le presenta como un sabio moderno. Y con razón, me parece. Tiene benevolencia, curiosidad, prudencia, preocupación por no juzgar demasiado rápido y humildad ante los hechos. Y sentido del humor: un sabio al que le gusta reír siempre me inspira más confianza que un sabio demasiado sentencioso y serio. Amar la risa es amar la vida. Y si la sabiduría no nos ayuda a amar la vida, ¿qué sentido tiene esforzarse por alcanzarla? *Christophe*

Decrecimiento aplicado

Con los niños, a veces nos permitimos un pequeño ejercicio espiritual. Tan pronto como ponemos un pie en un centro comercial, nos desafiamos a salir con las manos vacías. Sócrates, mientras caminaba por la plaza del mercado, estaba encantado de ver de cuántas cosas podía prescindir. Tan pronto como entro a una tienda, escucho una pequeña voz, como una bandera roja, que me detiene ahí mismo. Me resisto a ese frenesí que me lleva a creer que la felicidad es tener, y hay mil y una maneras de escapar de la tentación. *Alexandre*

Dejar ir

Es un concepto de la psicología popular, y también de la sabiduría popular. Como yo soy de pueblo, me gustan la sabiduría y la psicología populares. Combinan la simplicidad y el pragmatismo. Y lo que es simple no siempre está mal o es simplista. En resumen, dejar ir sugiere que, en ciertos momentos de nuestras vidas, tenemos que renunciar, al menos temporalmente, a hacer esfuerzos para tomar o mantener el control de las situaciones, para lograr objetivos. Consiste en saber cómo rendirse. Si sentimos que no lo estamos logrando (dejando ir una obra intelectual cuando no llega la inspiración) o que vamos a lastimar a otros (dejando ir una discusión con un amigo poco sincero o que no está bien), nos damos un tiempo de respiro y descanso para ver las cosas con más claridad o para cambiar nuestra estrategia. En este sentido, dejar ir es el antídoto a la obstinación.

Sin embargo, dejar ir sólo es interesante si previamente nos hemos «agarrado» a algo: cuando nos hemos comprometido en una acción o una discusión, cuando hemos obtenido resultados o podríamos obtenerlos, etc. De lo contrario, no es dejar ir, sino pasotismo. ***Christophe***

Dejar pasar

Si tuviera que resumir la práctica de la meditación en dos palabras, sin dudarlo, optaría por: dejar pasar... En medio del caos, en lo más profundo del campo de batalla interior, atreverse a experimentar la falta de control, el abandono. ¡Es un desastre, pero no pasa nada! Lejos de abandonar y resignarse, dejar pasar consiste en distinguir entre los psicodramas, los problemas creados por la mente, y las tragedias que exigen solidaridad, compromiso y perseverancia. ***Alexandre***

Dependencia

Ser dependiente es desear algo a nuestro pesar, o seguir deseando algo que ya no queremos. Hace unos años, me impresionaron mucho los descubrimientos de un neurocientífico, Kent Berridge, con el que coincidí en varias ocasiones, en particular en una de las conferencias organizadas por el instituto Mind and Life. Pasamos cinco días discutiendo el tema del deseo, la necesidad y la adicción. Su trabajo evidencia que hay diferentes redes neuronales en el cerebro para lo que nos *gusta* y lo que *deseamos*. Las redes neuronales que se activan cuando te gusta algo que te da placer (una ducha caliente después de un paseo por la nieve o una comida deliciosa, por ejemplo) no son las mismas que cuando deseas esa cosa. Pero el placer, a menudo de naturaleza sensual, es muy volátil: puede convertirse rápidamente en indiferencia, disgusto o incluso aversión. Un pastel de crema es delicioso, cinco pueden darnos náuseas. Por otro lado, al repetir las experiencias placenteras, reforzamos las redes cerebrales que nos hacen desear estas experiencias. Así que, aunque no experimentemos más placer, ya sea por el uso de una droga o cualquier otra forma de sensación placentera, uno sigue deseando esa experiencia. Cuando el deseo se hace persistente o se renueva constantemente y estamos hipersensibilizados a su objeto, podemos hablar de adicción. Al final, nos encontramos en la triste situación de no poder desear algo que casi no nos da placer y que incluso puede disgustarnos.

Kent Berridge describe una situación extrema: en una rata, si se activan repetidamente las áreas del cerebro relacionadas con el deseo cuando le das agua tan salada como el Mar Muerto (tres veces más salada que el mar), rápidamente se llega a un punto de condicionamiento. Y tan pronto como el área de deseo se activa, la rata abandona la palanca que da acceso a una solución de agua azucarada para activar la del agua demasiado salada. Mientras que antes de este condicionamiento evitaba sistemáticamente esta palanca. Podemos ver cuán viciosa es la situación, porque no basta con decirle a la persona en situación de dependencia: «Sólo tienes que considerar el alcohol, las drogas o la adicción al sexo como algo repugnante». A menudo ya están disgustados con el objeto de su adicción. Comprender esta disociación entre lo que amamos y lo que deseamos nos da las herramientas para liberarnos de una adicción destructiva y poder afrontarla mejor. Sabemos que entrenar la mente puede remodelar nuestras conexiones neurales a través de la neuroplasticidad. Por lo tanto, debemos descondicionarnos a nosotros mismos, pensamiento tras pensamiento, emoción tras emoción, para debilitar gradualmente las redes cerebrales asociadas a las tendencias que nos hacen desear sin cesar lo que es perjudicial para nosotros.

Pero es un verdadero desafío. La experiencia, corroborada por las neurociencias, muestra que, además de los esfuerzos de la voluntad y la necesidad de mantener esos esfuerzos durante un largo período de tiempo, existen varios obstáculos adicionales. En primer lugar, resulta que es más difícil activar las áreas del cerebro relacionadas con la voluntad en sujetos adictos. Así que están discapacitados al nivel de esta voluntad que tanto necesitan. En segundo lugar, la adicción modifica el cerebro de manera estable, haciéndolo más sensible a los estímulos que desencadenan los comportamientos adictivos. Esta sensibilización del cerebro nos hace reaccionar con mayor facilidad y fuerza a los factores que desencadenan el consumo de una sustancia tóxica o la adicción a un videojuego. Peor aún, en todo entrenamiento, ya sea de meditación o de aprendizaje de piano, la neuroplasticidad, la transformación de ciertos ensamblajes de neuronas en áreas cerebrales específicas, ocurre principalmente en un área, el hipocampo, que se activa cuando aprendemos a hacer malabares, a meditar o a practicar un deporte. Desgraciadamente, el hipocampo del adicto está inhibido, por lo que tiene menos voluntad y una capacidad de cambio debilitada. Un obstáculo cuádruple, por lo tanto: un refuerzo del deseo, una hiperreactividad al estímulo adictivo, un debilitamiento de la voluntad y una inhibición del área del cerebro que realiza el cambio. Para poder afrontarlo, es valioso saber todo esto. Tenemos que movilizar la mayor cantidad posible de nuestra voluntad restante y fortalecerla pacientemente día a día. ***Matthieu***

TRES CONSEJOS DE MATTHIEU
FRENTE A LA ADICCIÓN

- Evitar los desencadenantes: Abstente de apretar el gatillo exponiéndote a factores que desencadenan un deseo irresistible. Quita de la vista las sustancias, las imágenes y todo lo relacionado con la adicción. Si esto no es posible, distánciate, aléjate de todo, vete a un lugar natural, de excursión con tus amigos, hasta que vuelvas a ser más fuerte y resiliente.
- El momento crítico: La investigación científica evidencia que el momento crítico es la confrontación con el estímulo: vemos el polvo blanco o la botella en la realidad o en una imagen mental. Si dejamos que el proceso comience, se vuelve tan fuerte que es muy difícil detenerlo. No puedes decirte a ti mismo: «Bien, tomaré un poco y luego me detendré». La práctica de la meditación puede ayudar a «ampliar» el espacio temporal de este momento de confrontación, para disponer de más espacio de maniobra. Contemplando directamente los pensamientos generados por la imagen mental del objeto de deseo, y dejando que nuestra mente descanse en el momento presente, permitimos que estos pensamientos tengan tiempo para perder su intensidad y desvanecerse por sí mismos, como un dibujo en la superficie del agua que se desvanece al trazarlo. Si podemos suspender el

proceso de los pensamientos que nos afligen el tiempo suficiente, podemos evitar quedar atrapados en la cadena de acontecimientos en la que perdemos todo el control.

- Observar la pulsión en el espacio de la atención plena: El gran sabio budista Nagarjuna dijo: «Es muy agradable rascarse, pero es mucho mejor cuando ya no te pica». Para ello, es aconsejable observar la picazón con la mirada de la atención plena el tiempo suficiente, hasta que te calmes y te vuelvas a sentir libre. Algunos pueden rascarse hasta sangrar. Si suspendes este gesto, es ciertamente difícil soportar la picazón, pero ésta termina disminuyendo. En el contexto de la adicción, hay que movilizar la suficiente fortaleza para dejar que este impulso persistente disminuya por sí mismo, como un fuego al que se deja de añadir madera hasta que se apaga. Ésta es la naturaleza de las cosas..

Depresión

La tristeza puede combatirse, la depresión debe curarse. Es un colapso de nuestra capacidad de vivir: de amar la vida y de superar la adversidad. En las garras de la depresión, vemos la vida sólo como una serie de dificultades que terminan solamente con la muerte. De ahí el deseo de «que se detenga»: que la depresión se detenga o que la vida se detenga. Sobre todo, no debemos juzgar a las personas deprimidas: no son débiles, ni egoístas, ni se quejan. Están enfermos, con una enfermedad invisible y destructiva. Hay que ayudarles; y a veces la única ayuda posible para sus seres queridos será empujarles a cuidar de sí mismos, aunque no quieran hacerlo (convencidos de que es inútil). La depresión es tratable, y está mejorando mediante medicación, psicoterapia y muchas otras técnicas. Después, cuando esté curada, hay que evitar que regrese, porque tiene tendencia a reinventarse a sí misma. Para evitar que vuelva a instalarse, es una buena idea trabajar en tu felicidad: crear cada día, por encima de nuestras cabezas, anticiclones de emociones positivas que, como ocurre con el clima, desplazarán a las depresiones lejos de nosotros. ***Christophe***

Desesperación

¿Qué puedes decirle a alguien que está desesperado? Incluso como terapeuta, a veces me siento angustiado cuando me enfrento a pacientes que se encuentran en esta situación, tengo miedo de no poder ayudarlos. ¡Así que trato de transmitirles palabras parecidas a las que me digo a mí mismo! «No es un estado forzadamente anormal, tienes derecho a estar desanimado, tienes derecho a estar desesperado; puede que ni siquiera hayas cometido un error ni hayas hecho una estupidez. ¿Quizá lo que te desespera hoy habrá desaparecido mañana? Aunque no creas, en este momento, tómate tiempo para respirar y repite esta frase para ti mismo, sin juzgarla, sin apartarla: "Aguanta, no te hagas daño". Todos los seres humanos pueden sentirse desesperados por buenas o malas razones. No tienes nada que reprocharte. Es sólo parte de la condición humana. Lo mejor que puedas, haz algo, un poco para ti, un poco para alguien más, aunque no tenga nada que ver con la situación. No te concentres en el problema, causándote estragos por dentro. Si estás desanimado o desesperado, puede ser simplemente que la situación sea realmente desalentadora y desesperante y que, por el momento, no haya una solución sencilla. Si hay una solución, vendrá; si no la hay, otras cosas sucederán. En cualquier caso, no te preocupes demasiado y no permanezcas encerrado en la pequeña habitación de tu mente cuando te enfrentes al problema. Sal, muévete, limpia, corre. No te quedes solo, habla con alguien, no necesariamente sobre tu problema, encuentra una conexión con alguien que te ame, que te cambie las ideas o te dé consejos, que te consuele.

»Y después, cuando hayas salido de este período de desánimo o desesperación, no pases a otra cosa de inmediato: tómate el tiempo de observar lo que pasó, siéntate, escribe, piensa, observa en qué punto te hallas hoy respecto de esta desesperación. Trata de entender por qué ya no está ahí, cómo desapareció, si tal vez se convirtió en tristeza. Hoy ya no estás desesperado. ¿Por qué caíste en ese abismo? ¿En qué estado estabas? ¿Cuáles fueron las etapas del camino de salida? Recuerda tus momentos de "desesperación por nada", o casi nada, a los que finalmente has sobrevivido. Piensa en lo que dice Cioran: "Todos somos farsantes, sobrevivimos a nuestros problemas".» *Christophe*

Desprendimiento

La lógica occidental que utilizamos va en contra del proceso de desprendimiento, ya que actúa por acumulación: acumulamos bienes, conocimientos e incluso relaciones, por ejemplo, en las redes sociales, mucho más allá de lo que a veces es razonable, más allá de un uso real. Una pequeña frase sacada al azar de mis conferencias me ha dejado una profunda impresión: «El sabio no te pide aquello de lo que tiene más que tú, sino que busca aquello de lo que tiene menos».

En mi profesión, todos los pacientes me afectan, pero me emocionan e intrigan especialmente los «acaparadores». Los pacientes con TOC (trastorno obsesivo-compulsivo) no tiran nada y lo guardan absolutamente todo (periódicos, cajas de cartón, botellas vacías, canutos de papel higiénico, ropa desechada). En estos casos, decimos que tienen síndrome de Diógenes... Cuando viven en casas grandes, los vecinos se quejan de que su jardín se está convirtiendo en un almacén de latas oxidadas. Cuando viven en apartamentos pequeños, no es mucho mejor. Practico la terapia conductual, así que a veces voy a las casas de esas personas para ayudarles: he visto hogares convertidos en laberintos de montones de periódicos y cajas de zapatos que subían hasta el techo. Estos pacientes acumuladores sufren mucho y sistemáticamente me remiten a esta pregunta: han llegado a un estado extremo, pero tú ¿no tienes ya un pie en esa trampa? ¡Porque yo no soy ningún ejemplo de desprendimiento! No me gusta tirar. Busco excusas, justificaciones: mis padres fueron grandes acumuladores, adeptos del «por si acaso», del «esta cuerda no la voy a tirar, todavía se puede usar», o «estos viejos periódicos los puedes necesitar si hay una fuga de aceite bajo el coche». Siempre tengo la sensación de que todo esto desordenó sus cabezas y sus vidas, mucho más allá del uso real de los objetos acumulados, pero, en comparación, también tengo una reacción instintiva hacia las cosas que me gustan. Por ejemplo, tengo una insana dificultad para deshacerme de los libros; me es casi imposible tirar un ejemplar viejo y arrugado, simplemente porque fue un regalo; y tengo una incapacidad total para despojarme de los dibujos o los juguetes viejos de mis hijas (mi esposa sabe que sólo puede tirarlos en secreto)...

En general, tirar objetos que tienen un significado emocional para nosotros es doloroso: cuando mi padre murió, recuerdo el tiempo que pasé con mi madre ayudándola a recoger la casa. Fue muy difícil para mí y más aún para ella, porque sentía que estaba tirando partes de su vida. Finalmente, ¿por qué estamos tan apegados a nuestros recuerdos? Por supuesto, nos dan un sentido de coherencia personal, la impresión de saber un poco mejor quiénes somos y de dónde venimos, pero, si lo piensas, son más molestos que nutritivos. En un momento dado, la acumulación deja de servirnos.

Cuando veo a mi alrededor otras formas de apego, como la obsesión de la gente por tomar fotos, tengo la impresión de no ser el único que tiene esta dificultad: en las reuniones familiares, en los viajes, vemos cada vez más personas obsesionadas por tomar fotografías que no participan en la fiesta para poder capturar imágenes. ¿Y qué va a pasar? Están acumulando fotos que morirán en sus ordenadores, donde miramos mucho menos las fotografías almacenadas que aquellas que guardamos en los álbumes, donde sólo conservamos unas pocas fotos seleccionadas.

La obsesión por estar en contacto con el mayor número de personas posible en las redes sociales, por enviar cientos de mensajes instantáneos o fotos en tiempo real es también el resultado de esta tendencia a acumular, a no querer perder o tirar nada de lo que compone nuestras vidas. Nuestra época es claramente muy diferente de las anteriores, donde los vínculos con los objetos y las personas eran más escasos, pero más intensos. Vivimos en una sociedad extremadamente tóxica y maligna, ya que nos anima a comprar, a poseer, a acumular y, después de un tiempo, nos empuja a tirar, no por nuestro propio bien, sino para hacer sitio para comprar otra cosa, porque lo anterior ya no está de moda o se ha quedado obsoleto. Es diabólico, porque esta sociedad de consumo ha identificado que la necesidad de aligerar, incluso materialmente, es indispensable, el espacio no es infinito; pero aprovecha para transformar esta necesidad de ligereza en una necesidad de renovar lo que poseemos.

En el mundo de la psicoterapia también tengo la sensación de que estamos centrados en un proceso de compensación de déficits: a la persona deprimida que no tiene suficiente impulso vital, ¿cómo podemos darle más? A la persona tímida que carece de habilidades sociales, ¿cómo podemos enseñarle más? Al hiperemotivo que no tiene suficiente regulación emocional, ¿cómo darle más? ¿Cómo enseñar al adicto más autocontrol?...

Las prácticas meditativas me abrieron los ojos al hecho de que también se puede enseñar a la gente a ir en la dirección del menos: menos cavilación, menos pensar, menos apego, menos deseo de control, etc. Me impresionó mucho la forma en que se utilizan las prácticas meditativas. Fue una gran novedad que resultó muy fructífera en mi práctica profesional y en la conducción de mi vida personal. *Christophe*

VER TAMBIÉN NECESIDAD, DECRECIMIENTO APLICADO

TRES CONSEJOS DE CHRISTOPHE
PARA EL DESPRENDIMIENTO

- Desprendimiento material. Recomiendo el mantra de Matthieu: «No necesito nada», o si es demasiado duro: «No necesito todo esto». Antes de comprar algo, pregúntate: ¿Realmente lo necesito? ¿Me hará más feliz hoy? ¿Y mañana, dentro de un mes, dentro de un año?
- Desprendimiento ocupacional. Hacemos demasiadas cosas e implicamos a nuestros hijos en demasiadas actividades: ¿necesitamos todos estos hobbies? ¿Y si hiciéramos menos, para vivir mejor? ¿Y si nos damos tiempo para no hacer nada, para contemplar, para respirar?
- Desprendimiento mental. Desprenderse de los miedos: miedo al futuro, miedo a nuestra imagen social, miedo por nuestra seguridad.

Dinero

El dinero no tiene por qué hacerte feliz, pero en nuestras sociedades es un buen reductor del estrés, ya que nos permite no tener miedo de las preocupaciones materiales de la vida cotidiana: si mi coche o mi caldera se averían, gracias al dinero puedo hacer que me los reparen; si mi trabajo es agotador, con dinero puedo irme un fin de semana o hacer unas vacaciones para recuperarme, etc.

Sin embargo, es importante saber que la presencia de dinero cambia muchos de nuestros comportamientos sin que seamos conscientes de ello. Hay muchos estudios sobre este tema: en uno de ellos, los voluntarios fueron separados en dos grupos. El primer grupo se sometió a una técnica que activa el subconsciente respecto del tema del dinero: en concreto, haciendo que los conejillos de indias realizaran una serie de pequeños ejercicios en el ordenador, cuyo tema no tenía importancia, pero que se intercalaban con apariciones de billetes de banco en el fondo.

En el segundo grupo, los participantes hicieron exactamente los mismos ejercicios, pero las imágenes de los billetes fueron reemplazadas por flores, tablas o cualquier otra imagen neutra. Otro ejemplo de ejercicio: a algunos se les pidió que clasificaran unos pedazos de papel según su tamaño o el número que llevaban escrito, a otros que clasificaran los billetes según su valor, etc.

En la segunda etapa del estudio, se reunió a los participantes de ambos grupos en una sala y se les pidió que resolvieran problemas de diversos niveles de complejidad, especificando que si necesitaban ayuda, podían pedírsela a otros participantes. Los sujetos que fueron «expuestos» al dinero buscaron menos ayuda de los demás, y cuando alguien se la pedía a ellos, daban menos consejos y dedicaban menos tiempo a ello. Cuando el examinador, sentado en un sillón, les pidió después de la prueba: «Vengan y siéntense a mi lado. Acerquen sus sillas, vamos a hablar un poco…», los voluntarios activados por el dinero pusieron sus sillas más lejos del examinador que los individuos del grupo de control. Así, el simple hecho de ser confrontado con imágenes que evocan el dinero nos hace menos solidarios y nos aleja de los demás, al menos durante algún tiempo después de la experiencia. Es bueno saberlo, e incorporarlo a nuestras vidas… ***Christophe***

Discernimiento

Un amigo indio me contó la siguiente historia: un pescador está sentado a la sombra de un árbol junto a un lago. Está jugando con sus hijos. Un hombre del pueblo llega, mira la escena y empieza a hablar.

—Hola, ¿a qué te dedicas, buen hombre?

—Soy pescador. Mi barco está allí en la orilla. He estado pescando toda la mañana.

—¿Por qué no pescas por la tarde?

—Tengo suficiente para alimentar a mi familia durante los próximos dos días.

—Pero si pescara todo el día, también podrías vender tu pescado.

—¿Y qué?

—Tendrías suficiente dinero para pagar a un socio, capturarías más peces y aumentarías tus ingresos.

—¿Y qué haría yo con eso?

—¡Bueno, podrías comprar un segundo barco y prosperar más!

—¿Y después?

—Podrías dejar de trabajar y tener tiempo para relajarte y jugar con tus hijos.

—¡Pero eso es exactamente lo que estoy haciendo!

El discernimiento es uno de los valores claves que, combinado con la sabiduría y el entrenamiento de la mente, nos permite identificar las causas del sufrimiento y liberarnos de su servidumbre. Muchos desean ser felices, y creen que para serlo hay que ser rico, poderoso y famoso. Pero un buen día descubren que algunos de los que han reunido todo esto están realmente deprimidos, son adictos a las drogas o se han suicidado. Dicen: «Qué raro, si yo tuviera todo eso, sería feliz, por supuesto». Pero si se tomaran el tiempo para pensarlo, se darían cuenta de que este falso camino no conduce a ninguna satisfacción profunda. Así que muestran falta de discernimiento y dan la espalda a valores como la amistad, la serenidad, la paz interior y el equilibrio emocional, que podrían llevarlos a una realización duradera. *Matthieu*

TRES CONSEJOS DE MATTHIEU

PARA AUMENTAR NUESTRA CAPACIDAD DE DISCERNIMIENTO

- Identificar, tras una reflexión cuidadosa y sincera, las condiciones externas y los estados mentales que promueven la felicidad (concebida como una forma óptima de ser) y aquellos que socavan nuestro bienestar y el de los demás.
- Analizar la realidad lo mejor que podamos, para entender que es, por naturaleza, impermanente, y que las características que atribuimos a las cosas y a los seres son, en su mayor parte, proyecciones de nuestra mente.
- Aprender a manejar nuestros pensamientos y emociones y a «liberar» los estados mentales aflictivos a medida que aparecen en nuestra mente, es decir, dejarlos pasar como pájaros que cruzan el cielo sin dejar rastro.

Discordia

Puede haber fricción y discordia en los vínculos sociales de cualquier tipo. El marcador de una relación humana funcional es la capacidad de reparación y no la permanencia del acuerdo: ¡pero cuando exista, tanto mejor! Sin embargo, debemos ser capaces de discutir, o incluso discrepar. También es la diferencia entre una pareja viva y una pareja muerta, amigos vivos o una amistad muerta: los vivos son los que se reparan a sí mismos, los que se curan. Por eso, la capacidad de reconciliación, o a veces de perdón, es tan importante: no es sólo una cuestión de principios (porque la paz es mejor que la guerra), ¡es una cuestión de supervivencia! Si no somos capaces de tolerar los desacuerdos, conflictos a veces, y a continuación reparar la relación, nos empobrecemos: la contradicción es como la comida, a veces amarga, pero a menudo muy rica en «nutrientes» (argumentos y puntos de vista) que nuestra mente no puede producir por sí misma. Y luego está la atención que prestamos a la relación día a día, ya sea conyugal o amistosa.

«Quien descuida las muestras de amistad termina por perder el sentimiento de la misma», escribió Shakespeare. Lo que también previene la discordia, y lo que limita su alcance, es el cuidado que tenemos de nutrir el vínculo con los demás, preguntando por ellos si están lejos, y teniendo un interés regular y real en ellos si están cerca. *Christophe*

VER TAMBIÉN RELACIONES DIFÍCILES

Distracción

Nuestros cerebros están acostumbrados a distraerse, no a meditar. Básicamente, la serenidad no es lo suyo. Están programados para juzgar, condenar, simpatizar, preocuparse, inquietarse, huir al pasado, anticipar, en definitiva, delirar e ir a la suya. Mingyur Rimpoché realiza una práctica singular: diez veces al día se detiene y observa. «Oh, no estoy "meditando" en absoluto.» Es decir: «He estado completamente distraído». Darse cuenta de que uno está distraído es en sí mismo un momento de atención plena de la mente. ¡Y así llegamos a la libertad! Día y noche, los engranajes de nuestra mente tienden a desmontarse. Al tener una actitud más tranquila y más pacífica en el mundo, puedo observar este gran revoltijo de emociones y opiniones extremistas casi riendo: «Ah, bueno, ésa es mi concepción de la vida», «Ahí está, esa pequeña idea loca que me ha estado fastidiando todo el día». Entrenar la mente es atreverse, sin ningún narcisismo, a examinar nuestro cerebro, este gran intérprete con infinitas posibilidades. *Alexandre*

VER TAMBIÉN MEDITAR

Dolor

El dolor es la parte biológica, orgánica o existencial del sufrimiento: un diente cariado provoca cambios biológicos que dan lugar a una sensación dolorosa persistente. A veces, el dolor también se encarna en un acontecimiento: la pérdida de un hijo, un amigo, un ser querido. En definitiva, el dolor es real cuando nos hace daño. El sufrimiento hace referencia al impacto del dolor en nuestra mente, en nuestra visión del mundo. Tomemos el ejemplo de los acúfenos: estos zumbidos o silbidos en el oído son una forma relativamente pequeña de dolor (en efecto, hay dificultades mucho peores), pero que pueden causar grandes sufrimientos porque el impacto de esta pequeña perturbación puede provocar obsesiones, ocupar toda la mente y, en ocasiones, requerir ayuda psicológica. No puedo hacer desaparecer el dolor de mis pacientes sólo con mis palabras (en ocasiones, se necesita medicación o, a veces, tiempo, como en el caso del duelo), pero puedo ayudarles a comprender su sufrimiento y aliviarlo con ciertos enfoques como la psicoterapia o la meditación. *Christophe*

VER TAMBIÉN CURACIÓN, LIBERACIÓN, SUFRIMIENTO

Duelo

Conocí a una mujer en Hong Kong que encontró a su hijo pequeño ahogado en su piscina. En una hora se dijo a sí misma que tenía que tomar una decisión, sin esperar: o bien la muerte de su hijo arruinaría el resto de su vida, ya que no hay nada peor que perder un hijo, o bien decidía llevar una vida constructiva que le aportara una profunda satisfacción sin disminuir el amor imperecedero que sentía por su hijo. Fue como una revelación ante dos caminos: uno lleno de tristeza inconsolable, el otro lleno de amor. Ella eligió la segunda opción. También recuerdo el testimonio de Andrew Solomon, en su libro *El demonio de la depresión.*[12] Su madre moribunda le advirtió: «No creas que permitir que la tristeza destroce tu vida sea un tributo que me rindes a mí». ***Matthieu***

12. Editorial Debate, 2015.

Ecología

Oikos significa «la casa, el hábitat» en griego. La ecología podría ser este arte de vivir juntos felizmente. Todos somos compañeros de habitación en este hermoso planeta azul. Entonces, ¿por qué competir entre nosotros y considerar al otro como un rival? ¿Cómo podemos convertirnos en verdaderos compañeros de equipo y lanzarnos unidos a la aventura los unos con los otros?

El desafío ecológico no debe vivirse como una pura abstracción. Implica una serie de cuestiones concretas que, en última instancia, dan forma a nuestra vida cotidiana. ¿Cuál es nuestra relación con la naturaleza? ¿Es como una tienda, un autoservicio, una caja de herramientas de la que sacamos árboles y animales que usamos y tiramos? ¿Por qué considerar el mundo como un gran supermercado? ¿Necesitamos saciarnos hasta reventar con una indiferencia total hacia el diluvio que podemos desatar? Mantener la sabiduría en el punto de mira es tal vez revisar la forma en que vivimos en este mundo y tener en cuenta los vínculos que forjamos con los hombres y mujeres que hemos conocido.

Felizmente, la naturaleza nos recuerda todo el tiempo que no somos el centro del mundo. Con certeza hay cosas más grandes que nosotros. Sus fuerzas y su majestad nos sacan con más o menos suavidad del «yo», del consumidor que puede dormitar dentro de nosotros y poner en jaque nuestra sensación de omnipotencia. En la cima de una montaña, a los pies de un árbol, en compañía de otro ser humano, ¿cómo no experimentar la grandeza de un universo infinitamente mayor que los estrechos y frágiles límites de nuestra individualidad? La ecología nos llama a convertirnos, a crecer interiormente, a salir del calabozo de la mente para entregarnos al mundo.

¿Cómo mantener el contacto con la naturaleza mientras vivimos entre hormigón y respetar en todo momento el milagro todopoderoso de la vida? Para vivir juntos en esta casa gigantesca, es urgente rehabilitar el vínculo con uno mismo, con los demás y con el todo y abrirnos. Cuando la indiferencia acecha, se hace urgente abrir puertas y ventanas para que el aire pueda circular y que no se instale el olor a cerrado. En el metro de Nueva York sucedió una desgracia que podría convertirse en *banal.* Un tipo fue apuñalado hasta la muerte ante la indiferencia casi general. Nadie levantó un dedo para ayudar al desafortunado. Sin caer en la nostalgia del pasado, ¿cómo no lamentar que en una sociedad hiperconectada, el vínculo natural con los demás se haya deteriorado, perdiendo su fuerza? A veces tomo clases de inglés por Internet. Curiosamente, conozco a mi profesor que vive en Boston mejor que a mi vecino de al lado.

De ahí el gran desafío ecológico: vivir todos juntos y no dejar a nadie al margen. ¿Cómo podemos cuidar de nuestra casa y de las personas que viven con nosotros? No quiero ser agorero, pero ¿no deberíamos analizar la intoxicación que socava nuestra convivencia? A partir de ahora, podemos hacer todo lo posible para promover implacablemente la buena vecindad. Para Plotino, el alma se convierte en lo que contempla. ¿Dónde descansa nuestra mirada de la mañana a la noche? ¿De qué se alimenta? ¿El espectáculo de la maldad, de la competitividad, de esta carrera desenfrenada, de la lucha por la vida nos deja indemnes? Para volver a la naturaleza, para aceptar el reto, ¿no es necesario hacer una pausa, frenar, suspender un poco esta avidez, pasar del «yo» al «nosotros»? ***Alexandre***

VER TAMBIÉN MEDIO AMBIENTE, JARDÍN PÚBLICO, NATURALEZA

Ecuanimidad

No es la impasibilidad sino la capacidad de mantener la calma a pesar de las crisis lo que la vida nos impone. Hablo de la vida cotidiana: los niños se pelean cuando no hemos dormido lo suficiente y tenemos problemas en el trabajo, perdemos el tren y no vamos a llegar a una cita importante... Lo que me interesa no es la gran ecuanimidad teórica, sino su hermana pequeña, la práctica: no reaccionar de forma exagerada, con ira o estrés ante las microagresiones de la vida. Es algo en lo que hay que trabajar, y admiro a los que lo hacen. ***Christophe***

CUATRO CONSEJOS DE CHRISTOPHE
PARA SER ECUÁNIME

- ¿Cómo hacerlo? Probablemente convirtiéndolo en un objetivo, cada día, durante tu meditación o la oración de la mañana.
- Estableciendo sencillos automatismos: Cuando te enfrentes a un obstáculo, empieza siempre por respirar y dite a ti mismo que así es la vida.
- Y siempre repasar lo que has hecho, sea lo que sea: Si te enfadas, repasar ese enfado, desmontar sus mecanismos e imaginar lo que harás la próxima vez. Si no

ha habido enfado, volver al estado de no-enfado (o incluso de calma) y entender lo que ha pasado.

❁ ¿Es demasiado simple? Pruébalo, pronto verás que no es el caso. Pero que funcione, aunque el camino hacia la gran ecuanimidad sea largo...

Educación

Los efectos de la educación a veces son tardíos. Nuestros esfuerzos por enseñar a nuestros hijos tal o cual valor (amabilidad, perseverancia, honestidad) no parecen dar resultados inmediatos: siguen discutiendo, se rinden cuando tienen problemas, nos cuentan mentiras cuando les conviene. Nos decimos que no sirve de mucho, o que vamos por el camino equivocado; todo esto es posible, y tenemos que pensar en ello. Pero muy a menudo, a medida que los niños crecen y se alejan de nosotros, nos sorprende verlos aplicar esas cualidades, esos valores en sus vidas, lo que no hacían cuando les íbamos detrás, tal vez porque no eran lo suficientemente maduros. ¡Hay un efecto retardado! Incluso sin resultados inmediatos, se deben de realizar estos esfuerzos educativos cuando son niños, sin esperar a que sean adolescentes o adultos.

Pero la educación de nuestros hijos también es una oportunidad para nosotros: ¡educar a los demás es educarse a sí mismo! Porque la educación también depende de nuestra forma de ser: transformamos a nuestros hijos con lo que les decimos que hagan, por supuesto, pero también con lo que les mostramos, con nuestro ejemplo. Sobre todo, cuando pensamos que no están mirando en nuestra dirección. ¡Y cuando no intentamos, precisamente, dar un ejemplo artificial y superficial! En esos momentos, les transmitimos lo que somos. Y si queremos hacerlo bien, nosotros también nos esforzamos por vivir lo más cerca posible de los valores sobre los que queremos educarlos, lo cual es una tarea diaria.

Por último, otro punto que es importante conocer: parece que las reglas sociales impuestas externamente sólo pueden funcionar si corresponden a las estructuras del cerebro, a una especie de valores previos internos, a menudo indicados por nuestras reacciones emocionales. Así, el altruismo y la fraternidad pueden enseñarse fácilmente a un niño porque su cerebro está predispuesto a ello. Pero la predisposición no significa obligación: sin educación, o con una educación en la dirección opuesta (que conduce al egoísmo y a la competitividad), estas tendencias innatas permanecerán latentes, o incluso pueden desactivarse permanentemente. ***Christophe***

VER TAMBIÉN ALTRUISMO, BIOFILIA

Efímero

A menudo tendemos a olvidar la naturaleza efímera de las guerras y los campos de batalla. Lo que nos afecta es precisamente olvidar que todo pasa, incluso los tropiezos que nos hacen caer, los ataques de pasión, los tormentos del alma. Es una locura cómo se pueden desencadenar los peores escenarios. Es difícil, en medio del sufrimiento, no creer que las emociones van a devorarnos por dentro. En el acto, la letanía de la mente se pone en marcha inmediatamente: «Estoy jodido», «Mi vida se ha acabado», «No tendré fuerzas», «Esta lucha no se puede soportar». En medio de la acritud, recordar que todo es provisional, impermanente, es dejarse llevar, acoger el desorden.

Una amiga de Matthieu me ayudó mucho en este camino. A nuestro regreso de Corea, en plena mudanza, cuando yo me alteraba, ella me decía: «¡Es un desastre, pero no pasa nada!». Desde entonces, lo conservo como mi mantra. Cuando atravieso una zona de turbulencias, en medio del caos, me digo a mí mismo que es un desastre, pero que no es necesariamente un drama. La mente, esa gigantesca máquina de preocuparse demasiado, está diseñada para exagerar. Sin caer en un ingenuo optimismo, podemos darnos cuenta de que hay dos tipos de sufrimiento, dos capas, me atrevo a decir: lo trágico de la existencia (enfermedad, terremotos, discapacidad, muerte, una cierta soledad) y toda la carga de psicodramas fabricados por el ego. Afortunadamente, podemos deshacernos de estos dragones internos, disolverlos gradualmente y empezar a acostumbrarnos a no dejarnos engañar por las Casandras que llevamos dentro. *Alexandre*

VER TAMBIÉN IMPERMANENCIA

Ego y deconstrucción

A menudo he tenido la oportunidad de hablar de la deconstrucción del ego en la práctica budista. Muchas veces, la gente se siente incómoda. Preguntan: «¿No es necesario tener un ego fuerte para funcionar bien en la vida?». O, ya sabes: «¿No es cierto que muchas personas sufren trastornos psicológicos porque su ego está fragmentado o debilitado?». En lugar de hablar de un ego fuerte, es mejor hablar de fuerza interior. Esta fuerza va de la mano de la liberación del dominio del ego, que es la fuente primaria de todo lo que envenena nuestra mente. En Estados Unidos, los padres y educadores dicen a los niños de la mañana a la noche: «¡Eres especial!». La síntesis de numerosos estudios ha llevado al psicólogo Roy Baumeister a la conclusión de que todo el esfuerzo y el dinero que las escuelas, los padres y los terapeutas han invertido en la promoción de la autoestima ha producido beneficios mínimos. «Después de todos estos años —concluye—, lamento decir que mi recomendación es: olvídense de la autoestima y concéntrense en el autocontrol.» Por supuesto, no tenemos que ir al otro extremo, pero aferrándonos a la falsa entidad del ego no alcanzaremos una confianza estable.

Tomamos nuestro ego como una entidad única, autónoma y sostenible. Esto es sin duda útil para el funcionamiento en la existencia, pero ¿realmente corresponde este concepto a la realidad? Cuando veo una foto mía de niño, pienso: «Ese niño que va en bicicleta soy yo». Desde aquella época, he vivido todo tipo de experiencias y mi cuerpo ha envejecido, pero me digo: «Siempre soy yo». En este fenómeno se dan simultáneamente varios mecanismos mentales: la percepción de un «yo», la percepción de una «persona» y la percepción de un «ego». El *yo* vive en el presente; este «yo» es el que, cuando me despierto por la mañana, piensa: «yo existo», «tengo frío» o «tengo hambre». Corresponde a la experiencia de nuestro estado actual. La noción de *persona* refleja nuestra historia. Es un continuo que abarca nuestra existencia e integra aspectos físicos, mentales y sociales. Su continuidad en el tiempo nos permite vincular las representaciones de nosotros mismos que pertenecen al pasado con las que conciernen al futuro. Queda el *ego*. Espontáneamente, consideramos que constituye el centro de nuestro ser. Lo concebimos como un todo indivisible y permanente que nos caracteriza desde la infancia hasta la muerte. El ego es el dueño de «mi cuerpo», de «mi conciencia», de «mi nombre». Aunque nuestra conciencia es por naturaleza un flujo dinámico en constante transformación, no podemos dejar de imaginar una entidad independiente similar a un barco bajando por un río.

Una vez que la percepción de un «yo» y una «persona» ha cristalizado en este sentido de identidad mucho más fuerte que es el ego, queremos proteger y satisfacer ese ego. Somos reacios a cualquier cosa que lo amenace, y nos atrae todo aquello que lo complazca y lo consuele. Estas dos reacciones dan lugar a una multitud de emociones conflictivas (ira, deseo, envidia, celos, etc.) que pueden ser muy difíciles de manejar.

Basta con examinar un poco este ego para comprender hasta qué punto es sólo una mistificación cuyo autor es nuestra propia mente. Intentemos, por ejemplo, localizarlo. Cuando digo «me golpeaste», no digo: «golpeaste mi cuerpo, pero no importa, porque mi cuerpo no soy yo». De modo que asocio mi ego con mi cuerpo. Mi conciencia, por otro lado, no puede ser golpeada. Pero cuando digo «me has herido», asocio mi ego con mis sentimientos, con mi conciencia. Además, cuando digo «mis» sentimientos, «mi» conciencia, «mi» nombre, «mi» cuerpo, el ego aparece como el dueño de todo. No está claro cómo una entidad dotada de existencia propia podría, a la manera de Arlequín, asumir todas estas identidades mutuamente incompatibles. Por lo tanto, el ego sólo puede ser un concepto, una etiqueta mental en un proceso dinámico. Es ciertamente útil para nosotros, ya que nos permite relacionar un conjunto de situaciones cambiantes, integrar nuestras emociones, nuestros pensamientos, la percepción de nuestro entorno, etc., en un todo coherente. Pero, en última instancia, es el producto de una actividad mental continua que mantiene una entidad imaginaria viva en nuestra mente. ***Matthieu***

Ego y autoestima

El ego no forma parte del vocabulario actual de la psicología, se habla más bien de «autoestima», que define todas las formas de mirarse, juzgarse, considerarse, tratarse. Por mi parte, describiría el ego como el conjunto de apegos a uno mismo, a la propia imagen, y me gustaría hablar de sus patologías y todas sus consecuencias. Muchos estudios han demostrado que la autoestima está influenciada por las relaciones sociales. Muchos investigadores consideran que el valor que nos damos a nosotros mismos está muy fuertemente, si no casi en exclusividad, constituido por el sentimiento que tenemos de ser estimados por los demás. En otras palabras, es la forma en que los demás te miran lo que determina la calidad de la forma en que te miras a ti mismo y, en realidad, refleja la forma en que te ves a ti mismo a los ojos de los demás.

Hay dos grandes patologías de la autoestima y ambas causan sufrimiento. En primer lugar, el exceso de apego a sí mismo, que vemos en la persona narcisista, con una consecuencia inmediata y consustancial: cuanto más apegado está uno a sí mismo, más quiere ser admirado, más se cree superior a los demás y autorizado a darse derechos superiores. De ahí el comportamiento característico de los narcisistas, que creen que sus pensamientos son más inteligentes e innovadores que los de los demás, que se permiten conducir más rápido que los demás porque creen que lo hacen mejor que los demás, adelantando a todos porque su tiempo es más valioso, cuidando sus propios intereses en lugar de los de los demás, etc. Pero también hay otra forma de autoobsesión, de apego excesivo a uno mismo que afecta a las personas que carecen de autoestima: esta vez se trata de un apego negativo. Básicamente, estas personas, que a menudo se denominan «acomplejadas», tienen la misma obsesión por la mirada y el juicio de los demás que los narcisistas, pero en lugar de buscar inspiración o sumisión, buscan el juicio y la crítica porque tienen miedo de ser rechazados, miedo de no ser suficientemente amados.

El estudio de la autoestima comenzó en la década de 1960. Sesenta años después, se han hecho grandes progresos y se entiende que el objetivo, el ideal del trabajo de autoestima, es olvidarse de uno mismo. Cuando miramos a aquellos en los que la autoestima parece funcionar bien, vemos que no tienen un ego exacerbado en absoluto. No se preguntan más de lo necesario lo que pensamos de ellos y se comprometen en la acción y la conexión, sin cuestionarse constantemente a sí mismos. Los americanos hablan de un *quiet ego*: un ego tranquilo, libre de la obsesión del «¿Qué van a pensar de mí? ¿Estoy a la altura?». ¿Cómo puedo lograr este objetivo? Cuando le dices a alguien que está acomplejado, que considera que no tiene suficientes cualidades, que piense en algo diferente de sí mismo, es prácticamente incapaz de hacerlo. Sin embargo, una vez que se haya curado, puede que se dé cuenta de ello. Recuerdo a un paciente que me dijo: «Cuando estoy con gente que me impresiona, y no estoy en buena forma, quiero convertirme en un ratoncito, desaparecer para que no me preste atención». Así que recuerdo el trabajo que hicimos en la terapia y pienso: «¡No te hagas tan pequeño, no eres tan grande!». En otras palabras, no te preocupes, la gente no se obsesiona por ti, no siempre te miran ni te juzgan. Mientras no te subas a la mesa y te pongas a gritar, tendrás tu lugar entre los demás sin que se obsesionen por ti».

Hay muchos estudios sobre este tema, y uno de los más llamativos mostró que, paradójicamente, es beneficioso para la autoestima de un individuo cultivar el sentido de pertenencia, de fraternidad con los demás: no sólo no le devalúa, sino que le hace sentirse seguro y en paz. Por el contrario, el deseo de dominación produce inseguridad, hace que nos sintamos amenazados y es agotador. Éste es un error que cometen muchos pacientes que no tienen un buen nivel de autoestima: sienten que para ser aceptados por los demás deben ser admirados por ellos. Si se sienten acomplejados por su falta de cultura, intentarán parecer cultos, por ejemplo. Eso es lo que hacían las antiguas generaciones de terapeutas de la autoestima: tratar de mejorar la autoestima de los pacientes, animándolos a verse a sí mismos de forma positiva. Y a menudo, muchos pacientes tímidos y acomplejados sentían que, para no sentirse dominados, tenían que ser dominantes. Hoy en día, abogamos por las relaciones horizontales en lugar de las verticales, y renunciamos a estas historias de dominación, porque son muy costosas emocionalmente. Sabemos, por ejemplo, que los sujetos narcisistas que tienen estas obsesiones de dominación, reconocimiento y sumisión por parte de otros son personas extremadamente inseguras, con altos niveles de estrés, ansiedad, tensión y crispación. Lo mismo ocurre, en el sentido contrario, con aquellos que tienen déficit de autoestima.

Concluiré con dos puntos: el ego es un mal necesario, como un coche de alquiler. Lo necesitamos para ir por la vida al igual que necesitamos un medio de locomoción para ir de un punto a otro (a menos que uno sea un ermitaño o un contemplativo que no se mueva de su monasterio, y tal vez encuentre más fácil deshacerse de su ego por completo). En las carreteras de la vida hay vehículos que contaminan más que otros: grandes vehículos de tracción a las cuatro ruedas que consumen mucha gasolina, que quieren ser admirados y pasar los primeros, y en el otro extremo, pequeñas bicicletas que no contaminan y no hacen ruido. Me parece que no podemos deshacernos del ego ni tirarlo por la ventana, pero sí podemos procurar que no sea demasiado contaminante para los demás, ni demasiado caro para nosotros (en energía, cuidados, mantenimiento...). Segundo punto: no podemos esperar deshacernos del ego despreciándolo. Para los pacientes que sufren de baja autoestima, la solución no es seguir despreciándose a sí mismos: a menudo, están obsesionados e irritados con ellos mismos. Esto nos devuelve a la diferencia crucial entre el desapego y el no-apego: la idea no es desprenderse obsesivamente del ego, sino que nuestros esfuer-

zos deben llevarnos hacia el no-apego al ego. Como en la famosa frase de Paul Valéry: «Me he detestado, me he adorado… y más tarde hemos envejecido juntos».
Christophe

Ego, Muerte del

Muy a menudo oímos hablar sobre el *ego* y el *yo*, sin saber realmente lo que significan estas palabras. Y, a decir verdad, me costaría mucho definirlas. Para mí, el ego es una especie de paquete de ilusiones compuesto por deseos, miedos, emociones y representaciones a las que, para nuestro mayor sufrimiento, nos aferramos. Es necesario distinguir este yo ilusorio y esta fachada del fondo, de nuestra interioridad, que escapa a toda cosificación. Sin embargo, la noción de ego sigue estando borrosa en mi mente. Por lo tanto, ¿cómo podría librarme de él? Gracias a Christophe, estoy empezando a entenderlo y matizarlo. Durante mucho tiempo, observé con suspicacia los elogios a la autoestima. Temía que se convirtiera en un culto a la personalidad. Pero, como muestra Christophe, sin una personalidad bien estructurada, sin una sana confianza en sí mismo, caemos en una gran esclavitud.

Sobre este tema, también me gusta recordar el fino análisis de Rousseau en su *Discurso sobre el origen de la desigualdad entre los hombres.*[13] Distingue entre el amor de sí, que lleva a cada individuo a cuidar de sí mismo y evitar los peligros, y el amor propio, que es una pasión eminentemente social. Conocemos todos sus perjuicios: la manía del qué dirán, las ganas de aparentar, el deseo de dominación, el gusto por el poder. Básicamente, el amor propio surge de la comparación. Es como si forjáramos una idea de sí mismo a la que nos aferramos, para nuestro mayor sufrimiento. Básicamente, no tiene nada que ver con el amor de sí, esa inclinación primitiva, ese instinto de autoconservación que nos empuja a cuidar nuestras vidas y, en muchos casos, a progresar. Desafortunadamente, muy a menudo este impulso da un giro y degenera en egoísmo. El filósofo me da una clave efectiva para evitar hundirme en esta idolatría del «yo» sin convertirme en alguien patético que se desprecia a sí mismo.

Ramana Maharshi, el gran sabio indio, también nos despeja el camino. Puede ayudarnos a deshacernos de ese yo que se mueve en todas direcciones para llegar a las profundidades, donde la alegría y la paz nos preceden. Muy concretamente, puedo imitarlo preguntándome a mí mismo: «¿Quién soy yo?». Sin llegar a ser obsesivo, es liberador preguntarse: ¿Soy mi cuerpo, mis pensamien-

13. Alianza Editorial, Madrid, 2012.

tos, mi coche? ¿Soy mis convicciones religiosas, mis ideas políticas?

Lo que nos libera también es interpretar las emociones perturbadoras como señales de un posible apego al ego. ¿Por qué me aferro a una idea que me hace sufrir? ¿Y por qué a veces estoy dispuesto a morirme antes de admitir que estoy equivocado? Más sutilmente, percibo una especie de narcisismo al revés que incluso invade el campo de la vida espiritual: «Voy a demostrarte que no tengo ego, ya verás...». Ante este peligro, hay cosas mucho mejores que menospreciarse. Escuchemos el precioso lema de Spinoza: «¡No reír, no llorar, no odiar, sino entender!». Rastrear los mecanismos que nos atrapan en el ego e identificar nuestra esclavitud es un alegre desafío más que un deber. Y por qué no empezar el día con una pequeña evaluación, un informe meteorológico interno: «Mira, hoy, mi pequeño yo se está poniendo muy nervioso. No estoy muy bien, estoy hipersensible y, para sentirme valorado, sería capaz de arrastrarme».

Cuando sentimos alegría, el ego se eclipsa. Ya no hay necesidad de probar nada. Por eso no tiene sentido torturarse con reproches. Por el contrario, esto tiende a exacerbar al pequeño yo. El camino a la liberación no pasa por la mortificación, sino por la entrega, la alegría y el compartir. Y repetir pequeños ejercicios cada día puede ayudarnos a conseguirlo.

El ascetismo podría empezar por privilegiar el *nosotros* en lugar del *yo*. Aprendí que en coreano no se dice «mi casa», sino «nuestra casa». Sentirse separado de los demás, aislado, termina por aumentar nuestro malestar. Si nos levantamos por la mañana con el único propósito de evitar que nuestro pequeño yo se haga un rasguño, encontraremos obstáculos por todas partes. ¿Por qué no abandonar la perspectiva errónea inducida por el egocentrismo?

El otro día, mi hija estaba jugando en un parque. De repente oí gritos de dolor y pensé, viendo que no era mi niña la que lloraba: «Uf, no es ella». Es extraño: Había veinte niños, y sólo uno que me interesara realmente. ¿Cuántos seres vivos viven en la Tierra? Qué error de cálculo y qué falta de amor preocuparme sólo por mí y por *mis* seres queridos y descuidar a los otros miles de millones de personas que viven en *nuestro* planeta. Tarde o temprano, la vida me recordará que no soy el centro del mundo. ***Alexandre***

Elección

Al final, la conversión interior sigue siendo muy modesta. No se trata de hacer un giro de 360 grados, sino de dar día tras día pequeños pasos, de atreverse a hacer microelecciones. A menudo sufro el «síndrome de los cacahuetes».

En cuanto me como uno, necesito comerme otro y así hasta que me termino el paquete... Habría bastado con no tocarlos para evitar fácilmente este comportamiento adictivo. ¿Cómo se mantiene una suave vigilancia para evitar caer en actitudes mecánicas y darse cuenta de cuándo aparecen los peligros y las tentaciones? Más que las grandes resoluciones, son quizás estas microelecciones, prestar atención a lo que despierta viejos hábitos, lo que nos libera. Para mí, el esfuerzo consiste en retomar el control, salir de los círculos viciosos, reducir las fuerzas de inercia, escapar de la resignación. Porque es la acción la que nos ayuda a dejar ir, a rendirnos. Cuando pierdo un tren, en lugar de perder un cuarto de hora quejándome de la compañía de ferrocarriles o de cualquier persona, la verdadera pregunta, el ejercicio espiritual, el gesto que ayuda a abrazar la fluidez de la vida, es encontrar la manera de coger el siguiente tren, cortando la palabrería neuronal, la Radio Mental FM que nunca resuelve nada. ***Alexandre***

Emociones

Las emociones son parte de nuestra herencia genética y del cableado del cerebro, y se ven reforzadas por nuestra educación y antecedentes culturales. Todas ellas son útiles: la ira, la tristeza, el miedo, la ansiedad y la vergüenza tienen funciones específicas. Son útiles siempre que no alcancen intensidades demasiado altas, no duren demasiado y no perdamos de vista su propósito. En otras palabras, siempre que seamos conscientes de su existencia, sus mecanismos y su influencia sobre nosotros: esto se llama inteligencia emocional.

Desde un punto de vista evolutivo, las emociones con un tono negativo o desagradable se asocian con situaciones a menudo peligrosas que pueden amenazar nuestra supervivencia. La ira nos permite intimidar a los demás (y así evitar una costosa pelea física), el miedo nos hace evitar peligros potenciales (y, en el mejor de los casos, nos hace ser precavidos; en el peor, huir), la tristeza nos obliga a ir más despacio para que podamos pensar, etc. En cambio, las llamadas emociones positivas están asociadas a situaciones de búsqueda de recursos (comida, descanso, intercambios placenteros como juegos o sexo). Pero lo que es agradable nunca tiene prioridad sobre lo que es peligroso: en la naturaleza, lo peligroso debe afrontarse antes que lo agradable. Por eso, las llamadas emociones negativas tienen una especie de supremacía potencial sobre las emociones positivas, tanto en su nitidez, como en su intensidad y su poder de brotar y capturar nuestra atención. Pero, sin emociones positivas, no podríamos resistir con el tiempo: son las que luego reabren nuestra mirada y nuestra capacidad de conectar con los demás, de encontrar recursos, de inventar soluciones; son nuestro combustible para seguir adelante. Así que necesitamos ambas. Las emociones negativas son un poco como los «fanfarrones» de las comidas familiares, que reaccionan más rápido ante los problemas, gritan más fuerte y la lían en la mesa. Pero sin las emociones positivas, ¡nadie vendría a comer porque sería un infierno! Como dijo Descartes al final de su *Tratado de las pasiones del alma*: «Y ahora que las conocemos todas, tenemos mucho menos motivos que antes para temerlas; pues vemos que todas son buenas en su naturaleza y que lo único que tenemos que evitar es su mal uso o sus excesos». Para ir más lejos en nuestra comprensión de las emociones, podemos imaginarlas a lo largo de dos ejes: el eje de valencia (de más agradable a más desagradable) y el eje de intensidad. En este segundo eje, podemos distinguir entre las emociones explosivas, casi incontrolables cuando surgen dentro de nosotros, como la ira o el miedo; y los estados emocionales de menor intensidad, que podemos llamar «humor» o «estado de ánimo», y cuya importancia parece cada vez más importante a los ojos de los investigadores porque representan la esencia de nuestros sentimientos emocionales. Las emociones fuertes son tan exigentes en términos de energía física y psicológica que no podemos permitirnos estar bajo su control muchas veces al día: terminarían por desgastarnos y probablemente por matarnos. Cuando se le pide a alguien que recuerde la última vez que se sintió extremadamente enfadado, extremadamente triste, extremadamente preocupado, extremadamente avergonzado o quizás extremadamente feliz, a menudo le resulta difícil recordar situaciones recientes. Por otro lado, es muy probable que desde esta mañana todos hayamos experimentado ya varios estados emocionales moderados, con un poco de tristeza, un poco de preocupación, un poco de buen humor o un poco de alegría.

Es importante identificar estos estados discretos: son muy influyentes porque representan una especie de sustrato que facilita el surgimiento de emociones mucho más fuertes y de todo un sistema de pensamientos, una visión completa del mundo. Estar constantemente en las garras de las emociones de resentimiento o irritación hacia los demás afectará mi visión del mundo y cómo me comportaré socialmente. Por eso animamos a nuestros pacientes a prestar atención a estas sutiles emociones de fondo, especialmente en las fases de prevención de recaídas, aprendiendo el arte del bienestar y la libertad interior. ¿Cómo tomar conciencia de estos estados emocionales? Esto se ve facilitado en gran medida por los enfoques contemplativos y meditativos, pero también por otras formas de autocuidado: llevar un diario o seguir una terapia cognitiva, que nos anima a establecer conexiones entre las situaciones que experimentamos, las emociones que sentimos, los pensamientos que surgen en ese momento y los comportamientos que son consecuencia de toda esta cadena de causalidad. *Christophe*

VER TAMBIÉN IRA, MIEDO

TRES CONSEJOS DE CHRISTOPHE
PARA UN BUEN MANEJO DE LAS EMOCIONES

- ¡Amémoslas todas! Todas nuestras emociones son señales que nos dan pistas sobre nuestras necesidades. Las emociones positivas nos dicen que nuestras necesidades están satisfechas o están en camino de serlo. Las emociones negativas nos dicen que no están satisfechas. Así que escuchémoslas, y pensemos en la mejor manera de actuar para equilibrar nuestras necesidades fundamentales.
- ¡Cultivemos las emociones agradables! Cuidemos de nutrirlas más allá de nuestros automatismos y hábitos. Algunos estudios han demostrado que experimentar dos o tres veces más sensaciones agradables que desagradables representa un equilibrio óptimo y realista (no siempre podemos estar de buen humor).
- ¡No te desanimes! Uno de los grandes retos de nuestras vidas es trabajar en nuestro equilibrio emocional.

> Y de vez en cuando recaeremos y seremos de nuevo víctimas de una ira absurda, de ansiedades inapropiadas, de tristezas exageradas. Este camino, lleno de resbalones, debe ser integrado desde el principio. Por eso odio los refranes como: «Aunque la mona se vista de seda, mona se queda», que quieren significar que en el fondo no cambiamos nunca. Estamos en un proceso de aprendizaje, así que tenemos que aceptar las «recaídas». No hay atajos en este camino. Pero siempre acabas por llegar a la meta si sigues caminando...

Empatía

Hay dos aspectos en la empatía, uno afectivo y otro cognitivo. La empatía afectiva es la capacidad de entrar en resonancia emocional con los sentimientos de otra persona, tomando así conciencia de su situación. Si el otro es feliz, yo mismo siento una cierta alegría. Si él sufre, yo sufro por su sufrimiento. Esta empatía emocional nos alerta sobre la naturaleza e intensidad de los sentimientos de la otra persona, especialmente el sufrimiento.

La empatía cognitiva consiste en ponerse en el lugar de la otra persona (¿cómo me sentiría si me muriera de hambre o me torturaran en la cárcel?) o imaginar cómo se siente, pero no sintiendo lo mismo. Puedo, por ejemplo, sentarme en el avión junto a alguien que tiene miedo a volar y ayudarle imaginando su angustia, sin sentir el mismo miedo. Sin empatía es, por lo tanto, difícil entender la situación del otro y preocuparse por su suerte. La empatía no conduce necesariamente al altruismo, ese deseo de hacer el bien a otra persona ni a la compasión, el deseo de aliviar su sufrimiento.

Es esencial que uno mismo sepa distinguir entre estos diferentes estados mentales. Si, por ejemplo, sólo siento empatía, sin que esta empatía me lleve al altruismo y a la compasión, me arriesgo a caer en la angustia empática y el agotamiento. La empatía es el efecto que la situación de los demás tiene sobre uno mismo mientras que el amor y la compasión altruista se dirigen hacia los demás. Para no llegar a la angustia emocional y el desánimo, la empatía debe asumir su lugar dentro de la vasta esfera de la verdad. El amor altruista actúa entonces como un bálsamo para la angustia empática y lleva al deseo y la determinación de ayudar a los que sufren. En lugar de agotar nuestros recursos emocionales, fortalece nuestro coraje. *Matthieu*

VER TAMBIÉN ALTRUISMO, COMPASIÓN

Enfermedad

En medicina, a menudo usamos vocabulario de guerra: «luchar contra la enfermedad», «la batalla contra el cáncer»... Yo siempre me siento bastante incómodo con este tipo de discurso y la visión que implica. Me parece que nos aleja de bastantes verdades: la enfermedad no es un enemigo o un adversario, sino un desequilibrio, la alteración de los mecanismos sutiles que mantienen nuestra salud (¡la salud es un pequeño milagro, como la vida!). Cuidar de uno mismo, pacificar las emociones de miedo o ira, en resumen, trabajar por la paz en uno mismo, me parece más efectivo que librar una guerra estresante contra un enemigo imaginario. *Christophe*

VER TAMBIÉN CURACIÓN, DEJAR IR

Entrenamiento de la mente

Para mí, la práctica espiritual, la meditación, el entrenamiento de la mente, es un movimiento interior: se trata de bajar uno o incluso varios pisos para llegar al corazón de nuestro ser, lejos de la agitación y la angustia habituales. Entrenar la mente es, en definitiva, desprogramarla, descondicionarla, trabajar con benevolencia para descubrir su lógica de locos (suele ser paranoica y tirana), para abrirnos y superar gradualmente nuestros prejuicios. En la superficie, donde prevalece el famoso ego, reinan la atracción por las ganancias, el miedo, las proyecciones y la insatisfacción más obstinadas. En las profundidades de nuestro ser nos esperan la naturaleza de Buda, la calma, la paz y una libertad inconcebible.

Para empezar la ascética, atrevámonos a ver el diagnóstico de cara, reconozcamos que, muy a menudo, son nuestros miedos, nuestros complejos, nuestros delirios los que manejan los hilos. Un paso más y seremos como marionetas, títeres, veletas, incluso extraños robots. Afortunadamente, la práctica está ahí para enseñarnos a danzar en el caos sin echar más leña al fuego. Lejos de ser un trabajo, es casi como un juego: rastrear el discurso interno de la Radio Mental, observar la inconsistencia de nuestros deseos más tenaces, disolver las ilusiones que nos separan del mundo y la libertad.

Una de las grandes obras del autotrabajo consiste en desactivar las bombas de tiempo legadas por nuestro pasado: traumas, heridas, expectativas nunca cumplidas, carencias emocionales, traiciones, decepciones... Una inmersión en uno mismo nos permite revisar mil y un incidentes banales y olvidados, tesoros y fantasmas del pasado para identificar su impacto subliminal, su influencia actual en nuestros estados de ánimo, en nuestra forma de estar en el mundo. ¿Hasta cuándo nos echaremos en cara esta avalancha de emociones reavivadas por un simple recuerdo? Cuando el zen habla de la Gran Muerte, nos invita a volver a empezar, renovados, para renacer. También podemos aprender a detectar los mil estribillos de la mente: «Eres feliz, lo vas a pagar caro», «Tarde o temprano, te vas a quebrar, ¡prepárate para caer en picado!», «Necesito consumir más», «Dame algo de comer, ¡estoy hambriento!»... Muchos anzuelos nos separan del ahora, nos tientan y nos buscan. Practicar es mantener el rumbo sin caer en la trampa. ***Alexandre***

VER TAMBIÉN CAMBIO, MENTE, MEDITACIÓN

DOS CONSEJOS DE ALEXANDRE
PARA ENTRENAR TU MENTE

- El entrenamiento de la mente no tiene nada que ver con empollar. No hay necesidad de acumular conocimientos. Se trata de liberarse de los reflejos, los clichés, los mecanismos de defensa y el «autoengaño». Por qué no declinar el adagio socrático para avanzarse al progreso: sé que no sé nada, sé que no sé relajarme, perdonar, apreciar la vida, pasar una hora sin preocuparme. Hay muchas incógnitas que invitan al progreso.
- Volver al estado anterior a nuestros juicios: Mirar una flor, contemplar un paisaje, maravillarse ante la belleza de un rostro sin encerrarnos a estas experiencias inauditas, siempre ricas y densas, sin reducirlas a categorías, sin clasificarlas y sin compararlas con las experiencias vividas, lo conocido. Dejar que la vida venga a nosotros sin

forzarla a encajar en el molde de nuestras ideas. En resumen, redescubrir la capacidad de asombro de un niño que no sabe nada.

Envejecimiento

La evolución natural del cuerpo hacia la muerte ocurre después de otra evolución natural llamada envejecimiento. Personalmente, nunca me han afectado los hitos cronológicos de diez años (treinta, cuarenta, cincuenta años), sino más bien las etapas de la vida de mi cuerpo: cuando empecé a perder el pelo, cuando los pelos de mi barba se volvieron blancos, cuando ya no podía jugar al rugby, cuando ya no podía escalar montañas, cuando sentí mis primeros dolores articulares crónicos... Este declive del cuerpo me enseña el desapego, es decir, que todas estas pequeñas limitaciones me obligan a aceptar envejecer y me preparan para que algún día acepte dejar mi cuerpo. Decidirse a envejecer de una forma natural puede ayudarnos a tener menos miedo a la muerte. Me parece que para eso sirve el envejecimiento, para que al final no lamentemos dejar nuestro cuerpo, cuando se haya convertido en una fuente de complicaciones y sufrimiento, más que de placer. Pero volveremos a hablar de ello cuando tenga noventa años... ¡Si llego! *Christophe*

EL CONSEJO DE CHRISTOPHE
PARA ENVEJECER BIEN

⁂ Aceptar y amar nuestro envejecimiento, verlo como una forma de evitar apegarnos a nuestro cuerpo, como una forma de prepararnos para dejarlo, sin lamentaciones, muy lentamente, como algo que se nos prestó temporalmente y será reciclado para las generaciones futuras.

Escucha

La escucha podría definirse como una presencia ante los demás durante la cual toda la atención y la conciencia se vuelven hacia lo que la persona que está frente a ti está diciendo. Es una actitud compleja, donde uno da y recibe, un enfoque humilde donde uno pone a los demás antes que a uno mismo. Los grandes narcisistas escuchan mal, y en momentos en que estamos ansiosos, eufóricos o distraídos por demasiadas preocupaciones egocéntricas, no somos capaces de escuchar bien. ¡Incluso algunas veces fingimos!

En la escucha hay tres mecanismos básicos: el respeto por las palabras de los demás, dejarse llevar y la capacidad de permitir que nos conmuevan.

Respetar las palabras significa, en primer lugar, no juzgar lo que el otro nos dice mientras lo escuchamos.

¡Y es muy difícil! Automáticamente, estamos tentados a hacer un juicio: lo apreciamos, estamos de acuerdo, no estamos de acuerdo, lo encontramos correcto o incorrecto, brillante o tonto. Es difícil evitar que ese juicio llegue a nuestra mente, pero cada vez que lo notes, puedes darte cuenta y desprenderte de él, para volver a una experiencia auditiva real. El siguiente movimiento de la escucha, el de dejar ir, es algo que aprendí de mis pacientes. Los muy tímidos y los muy ansiosos tienen tanto miedo de no estar a la altura de su interlocutor que escuchan mal porque están preparando su posible respuesta. En la verdadera escucha, uno no debe preparar su respuesta, sino sólo escuchar, dejarse llevar. A veces tenemos la sensación de que es una situación un poco complicada, pero nuestra respuesta será mucho más profunda y certera cuando hayamos abandonado totalmente la idea de prepararla. Este abandono es también la condición para una escucha sincera y genuina donde uno está listo para dejarse conmover, emocionar, sin juicios, sin control, sin ningún deseo de dominar, en definitiva, sin ninguna intención.

Mi temperamento introvertido siempre ha hecho que, sin esfuerzo ni mérito, prefiera escuchar en lugar de hablar. Sin embargo, he visto cuánto he podido mejorar mi capacidad de escucha con tiempo y esfuerzo, especialmente a través de la práctica de la meditación, que me ha enseñado a estar ahí sin preparar respuestas, a dejarme llevar y a hacerme completamente permeable y abierto a lo que los demás digan. En la profesión de cuidador, esto no siempre es fácil. Los estudios muestran que, en promedio, los médicos interrumpen a sus pacientes cada veinte o treinta segundos: tienden a buscar los síntomas, encontrar rápidamente las respuestas a sus preguntas y tomar el mando de la conversación. Varios de mis colegas, viejos y muy experimentados médicos generalistas, me dicen que casi todos los errores cometidos en la atención a los pacientes son errores de escucha: no los dejamos hablar lo suficiente, no les hacemos suficientes preguntas, los llevamos demasiado pronto a donde nosotros pensamos que debemos llegar. Pensamos que el tratamiento significa hacer un diagnóstico, luego prescribir y asesorar, que significa dar medicación y consejo en lugar de escuchar. Es un poco como ser padre, de hecho: queremos aconsejar a nuestros hijos, educarlos, consolarlos, corregirlos... Y tendemos a no escucharlos lo suficiente, a no dejarlos hablar en los momentos en que sería importante que lo hicieran. ***Christophe***

TRES CONSEJOS DE CHRISTOPHE
PARA ESCUCHAR MEJOR

- Se progresa mucho más escuchando que hablando. Hablar nos transforma porque nos obliga a aclarar nuestras ideas, pero escuchar es aún más poderoso porque nos abre a mundos distintos del nuestro.
- Recuerda siempre que escuchar es dar. No sólo respuestas, sino presencia.
- Para escuchar bien, en parte hay que vaciarse: de los miedos (miedo a no saber qué decir, a no tener respuestas que dar), de las certezas, del hastío.

Esfuerzo

Para esforzarnos necesitamos una buena motivación y un objetivo, ciertamente, pero que debe examinarse con discernimiento. Podemos aspirar a ser ricos, poderosos y famosos, y luego encontrarnos muy decepcionados veinte años después: todo eso no nos ha aportado la más mínima sensación de realización. De hecho, si nos ponemos en marcha sin pensar, corremos el riesgo de convertirnos en prisioneros de objetivos indignos de nuestros esfuerzos. «El resultado está en la cima de la motivación», nos recuerda el budismo. Tengo que preguntarme: ¿Estoy haciendo estos esfuerzos para mí solo, de manera totalmente egoísta? ¿O con los otros? ¿O para otros? ¿O en detrimento de otros? ¿Valen la pena todos estos esfuerzos? ¿Van a aportarme una profunda satisfacción? Si hago el bien a los demás, ¿es para unos pocos o para muchos? ¿A corto o largo plazo? La intención determina la dirección y la magnitud de nuestro entusiasmo.

Una vez en el camino, hay que encontrar un equilibrio entre la tensión y la laxitud. Buda cuenta la historia de uno de sus discípulos que era incapaz de equilibrar sus esfuerzos: «Muchas veces estoy completamente desmotivado, estoy completamente relajado y no viene nada —decía—. Y, otras veces, estoy tan tenso que no puedo meditar». Tocaba la *vina*, una especie de sitar. «¿Cómo afinas tu instrumento para obtener el mejor sonido?», le preguntó Buda, a lo que el músico respondió: «Me aseguro de que las cuerdas no estén ni demasiado tensas ni demasiado flojas». «Lo mismo se aplica a la meditación», concluyó Buda. La relajación puede hacer que la mente se vuelva opaca; el sobreesfuerzo la cansa y la inquieta. Ambos extremos son contraproducentes.

En la psicología contemporánea, hablamos de un punto medio necesario para entrar en el estado de «flujo», definido por el psicólogo Mihály Csíkszentmihályi como una profunda absorción en la acción. Las acciones, los movimientos y los pensamientos fluyen suavemente; uno se olvida del paso del tiempo y la fatiga, y la conciencia de sí mismo se desvanece. Para entrar en el flujo, no debe ser demasiado difícil, ya que favorece la tensión, ni demasiado fácil, lo cual nos aburriría. La fluidez del flujo se siente como una experiencia muy satisfactoria que da pleno valor al momento presente. También se puede entrar en el flujo sin el apoyo de una actividad externa. La contemplación de la presencia consciente y la naturaleza de la mente, por ejemplo, es una experiencia profunda y fértil similar al flujo. Aquí, el autoabandono también es total, lo que es una fuente de paz interior y apertura a los demás. De Csíkszentmihályi, a quien he visto varias veces, emana, a la edad de ochenta años, una natural y tranquila bondad. Pone en práctica lo que enseña, lo cual es alentador.

Por lo tanto, es necesario encontrar el equilibrio adecuado entre el esfuerzo y la relajación que nos permita progresar de la mejor forma posible. Los artistas y artesanos son muy conscientes de que el «sobreesfuerzo» y el nerviosismo pueden arruinar su trabajo: «La paciencia lleva al éxito; la prisa a la nada». Recuerdo un pícnic en el campo después de un retiro de verano de cuarenta y cinco días en nuestro monasterio en Nepal. Los jóvenes monjes habían organizado una carrera. Tenía treinta años más que ellos. Pensé que obtendría mi momento de gloria; corrí como un loco durante los primeros diez metros, gritando: «¡Yupi!». Por supuesto, todos me alcanzaron y me superaron. ¡Al final de la carrera, llegué el último! *Matthieu*

CUATRO CONSEJOS DE MATTHIEU
PARA GESTIONAR NUESTROS ESFUERZOS

- Haz esfuerzos regulares y perseverantes: Gota a gota, acabas llenando un gran jarrón.
- Ten una relación benévola contigo mismo: No debemos rebelarnos contra nuestras limitaciones ni culparnos por no haber hecho más de lo que era posible; hay que conservar el coraje, aunque un intento no tenga éxito.
- No subestimes el potencial transformador de la mente, mantente abierto a todas las alternativas, cambia de rumbo con flexibilidad cuando sea necesario, encuentra la serenidad en lo más profundo de ti mismo cuando fracases. Nadie puede privarnos de la libertad de la paz interior.
- Cultiva el amor altruista, que pone en perspectiva la incertidumbre de nuestra propia existencia.

Esfuerzo gozoso

¿Por qué habría que atravesar muchas vicisitudes en la vida para florecer, crecer, tener buena salud, alcanzar la sabiduría? Insistir en la necesidad de esforzarnos no es, en ningún caso, hacer un elogio del calamitoso «*no pain, no gain*» (sin dolor, no hay ganancia). Este estribillo puede ser totalmente desastroso. Decididamente, Spinoza me libera y no me canso de citar las palabras que concluyen su *Ética*:[14] «Porque la potencia humana para reprimir los afectos radica sólo en el entendimiento. Luego nadie disfruta de la felicidad a causa de que reprime la sensualidad, sino al contrario: el poder para reprimir la sensualidad surge de la felicidad misma». Y el filósofo agrega que este camino es arduo y también extraño, de ahí la necesidad de perseverar. Y de ahí la advertencia de Séneca de que nadie puede curarse si cambia su tratamiento y sus remedios a cada paso. Entonces, ¿cuáles son los pilares de nuestro ascetismo y cómo podemos divertirnos en el ejercicio mismo? ***Alexandre***

VER TAMBIÉN ASCETISMO

CUATRO CONSEJOS DE ALEXANDRE
PARA TRAER GOZO AL ESFUERZO

El bendito buda Shakyamuni, como gran médico, habla de «esfuerzo justo»: Antes de emprender el viaje, para evitar el agotamiento, puede ser bueno preguntarme qué me inclina a practicar, de dónde viene la fuerza para avanzar, y cómo alimentar mi esfuerzo para que no se agote.

14. Espuela de Plata, Sevilla, 2017.

- Saciarse en el ascetismo: Lo que nos precipita en el abismo de las pasiones engañosas es sin duda la incapacidad de sentirse bien, de disfrutar de verdad. En el *Sutra de la libertad inconcebible*,[15] Vilamakirti alaba el placer del practicante. Sí, hay felicidad en entregarse a la virtud, en desprenderse de los objetos atractivos, en olvidar los rencores, en abolir las emociones negativas. Apresurémonos hacia estas voluptuosidades... ¡Sin moderación!
- Por favor, date prisa y descansa: Trabajar duro, resistir mucho, correr la maratón de la existencia requiere la increíble audacia de detenerse, de tomar descansos, de atreverse a no luchar hasta el final. Para marcar el comienzo de una nueva ascesis, hazte esta pregunta tan liberadora: ¿qué es lo que realmente te relaja? ¿Cómo puedes liberar tus tensiones?
- Comprométete con amigos en la bondad: En el camino hallaremos combates que nos derribarán, nos agotarán y nos dejarán exangües. Solos, estamos como atrapados por el desánimo, incapaces de resarcirnos. Compartir los compromisos con los demás, confiarles nuestras recaídas, abrirse con toda transparencia y llenar juntos la caja de herramientas es un poderoso antídoto contra la desesperación y la severidad con la que a veces nos juzgamos a nosotros mismos.

---

15. Ramírez Bellerín, Laureano, *Sutra de Vilamakirti*, Kairós, Barcelona, 2004.

Esperar

Un día, estuve sentado en una sala de espera con dos amigos durante mucho rato. Uno de estos amigos resultó ser un meditador muy experimentado. El tercero en discordia finalmente dijo: «Siento que hayas esperado tanto tiempo». El meditador respondió: «Pero si no estoy esperando». Quería decir que no se sentía incómodo por la duración de la espera, porque su mente se había desconectado de la expectativa, de lo que no llegaba. Hay que saber estar en reposo en la frescura del momento presente, en el que no hay espera.

Hay otra forma de espera, de una tonalidad más grave, que no consiste sólo en disolver el espesor del aburrimiento, sino en prepararse concretamente para el anuncio de buenas o malas noticias, en el caso de un examen médico, por ejemplo. Para hacer esto, necesitamos expandir el espacio de nuestra libertad interior. *Matthieu*

Espíritu

Durante el invierno, el frío congela lagos y ríos, y el agua se vuelve tan sólida que puede transportar hombres, bestias y carros. Con la primavera viene el deshielo. El hielo es duro y afilado, el agua es suave y fluye. El agua y el hielo no son idénticos ni diferentes, siendo el hielo agua solidificada y el agua, hielo derretido. De la misma manera, la mente a veces se congela, especialmente cuando se superpone a la realidad de los atributos de los que carece (amigo, enemigo, ansiosa, reposada, etc.) y se atormenta por la atracción y la repulsión. La meditación nos permite entonces derretir el hielo de las construcciones mentales en el agua viva de la libertad interior.

Cuando todo en la mente parece solidificarse, cuando uno tiene la impresión de no poder superar ciertas tendencias o ansiedades, entiendo que a veces se puede tener la idea de que hay un «granito», un núcleo duro insuperable. Es una creencia ligada a ciertas experiencias, recuerdos e incluso traumas. Pero, en realidad, no hay ningún obstáculo perenne en el flujo dinámico de nuestra conciencia. A medida que aprendemos a descansar en la naturaleza fundamental de la mente, parece inconcebible sucumbir a una profunda ansiedad, el odio o los celos. Estos estados mentales parecen ajenos a este espacio de presencia consciente. Sentir odio no es la naturaleza de Buda. Ella está completamente libre de los velos de las construcciones mentales. Sin embargo, esto no significa que no corramos el riesgo de volver a perdernos, ya que estamos lejos de haber llegado al final del camino.
Matthieu

Ética

La existencia nos presenta todos los días opciones, a veces difíciles de elegir. ¿A qué, a quién debemos escuchar? ¿Adónde ir? ¿Qué hacer? En términos generales, la ética consiste en *hacer bien al hombre o a la mujer*, en crecer, en perfeccionarnos juntos, en desarrollar todos los recursos que habitan en nuestro interior. Se traduce en un arte de vivir, una ascética, ejercicios espirituales que nos guían y nos conducen hacia el camino de la felicidad. Tratar de practicar la virtud, de emprender un viaje, es creer, como Aristóteles, que la felicidad, el soberano bienestar, es por lo que realizamos todas nuestras acciones. Si vivo en sociedad y no dentro de una choza, es porque pienso que todos juntos podemos alcanzar una alegría, una paz, una grandeza que no puedo lograr solo. Ver en la moral una camisa de fuerza, una colección de instrucciones que restringen nuestra libertad, es olvidar que no podríamos vivir bien en una anarquía. De lo cual derivan múltiples interrogantes: ¿qué me hace querer acercarme a los demás? ¿Por qué vivo en compañía *de otros*? ¿Es por miedo, por temor a la soledad, por curiosidad o por amor, por autoentrega? La convivencia requiere, como demostró Freud, un sacrificio instintivo. No puedo estrangular al vecino que me ha cerrado la puerta en las narices, ni desvalijar la librería del barrio o asaltar la panadería de la esquina. Hay leyes, hay reglas. Hay normas a seguir.

Sin embargo, la ética y la moral no pueden reducirse a la mera obediencia de una regla externa. Deben encontrar su raíz, su origen, en la interioridad, en el corazón de lo íntimo. Uno podría evocar a Kant y su moralidad del deber. Su famoso imperativo categórico es bien conocido: «Actúa de tal manera que la máxima de tu conducta pueda convertirse en ley universal». Pero ¿qué pasa en casos especiales? Si no debo mentir, ¿cuál hubiera sido la acción correcta si, durante la guerra, hubiera protegido a los judíos y la Gestapo me hubiera preguntado si estaba o no escondiendo a los fugitivos? Sin desmontar el kantismo, que es mucho más complejo de lo que imaginamos, podemos ver que no hay reglas fijas que nos separen de la vida, como diría el dalái lama, y nos conviertan en máquinas, en robots.

Junto a la concepción moral de Kant, está la opción consecuencialista. Resumiendo, en una elección, sólo la alternativa genera las mejores consecuencias. El problema consiste, por supuesto, en los criterios que se utilizarán para determinar cuál es la mejor. ¿Y cómo evitamos hacer cálculos de tendero? Una filósofa británica, Philippa Foot, en la década de 1960, puso un famoso ejemplo que retomó una de sus colegas, Judith Jarvis Thomson. Imaginemos un tranvía corriendo a alta velocidad que se encuentra con cinco viandantes que tienen la desgracia de estar en su camino. Una casualidad puede salvarlos a todos. Hay un puente no muy lejos, y en ese puente hay un hombre alto. Bastaría con empujar *accidentalmente* al grandullón para que, al caer, activara la palanca del cruce de vías y desviara el convoy desbocado, evitando así la muerte de cinco inocentes. Por supuesto, habría un efecto colateral, la muerte de ese valiente muchacho. ¿Qué elegir? ¿Hacia qué alternativa inclinarse? ¿Salvar cinco vidas sacrificando a ese hombre desafortunado, o no tratar nunca a nadie como un instrumento, como diría Kant? De esto podemos deducir que el cálculo puramente racional no siempre trae una solución. Además, ¿cuál sería la solución ideal? Sin decidir entre el kantismo y el consecuencialismo, vemos que una de las bases de la ética y la moral (¿por qué distinguir a toda costa estos dos términos?) requiere ser accesible, dejar nuestro estrecho punto de vista. Podemos convertirnos en verdaderos ayatolás de nuestra visión del mundo, imponerla, hacer de ella una cruzada, convertirnos en prosélitos de nuestro sistema de valores. Entre el relativismo descerebrado y la frenética absolutización de nuestros juicios, apostemos que hay un lugar para la libertad, la caridad y la compasión.

En cuanto a los valores, los juicios morales, el bien y el mal, Nietzsche, en *Así habló Zaratustra,*[16] habla de las tres metamorfosis. En primer lugar, está el camello, un animal de carga que se inclina y se doblega bajo el peso que porta, que se impone obligaciones y pide más, se podría decir. Luego viene el león, que ruge, se rebela, se revuelve, rompe las tablas de las leyes. En la alegoría nietzscheana, está finalmente el niño que juega con el mundo y redescubre la inocencia del devenir, que crea. La inocencia del devenir... Esto aclara el horizonte cuando la falsa culpabilidad, los ideales y los juicios implacables pueden paralizarnos. La libertad del ser humano se cuela entre los intentos de reducir nuestras acciones a modelos, a patrones. No hay instrucciones para hacer lo correcto. Siempre estamos invitados a descender, a atrevernos a ir a las profundidades del alma para escuchar nuestra brújula interior. ¿A qué prestamos atención mañana, tarde y noche? ¿A mandamientos importados? ¿A la voz de un ego herido? Enfrentarse a desafíos éticos, atreverse a tomar el camino de la libertad, ¿no es desobedecer las llamadas del yo para ponerse a disposición de la brújula interior que deja amplio espacio para el otro y no permite que te encierres en ti mismo? ***Alexandre***

VER TAMBIÉN MORAL

---

16. *Op. cit.*

EL CONSEJO DE ALEXANDRE:
HAGÁMONOS LA PREGUNTA ÉTICA POR EXCELENCIA

¿Qué es una buena vida? ¿A qué aspiramos en las profundidades de nuestro ser? ¿Por qué no hacer un ejercicio estoico imaginándonos en nuestro lecho de muerte? ¿Qué es realmente valioso en nuestra existencia? ¿Qué comportamientos, qué acciones encarnan la quintaesencia de lo que somos?

Etiquetas

Cuanto más me reduzco a una etiqueta, más sufro. El Maestro Eckhart invita sin cesar a sus lectores a dejarse llevar. Así, cien veces al día puedo experimentar que no soy «el ansioso de turno», ni «el colérico que pierde los estribos», ni «el filósofo» o «el discapacitado». El ascetismo significa despojarse de todas estas identificaciones a las que nos reducimos, para morir y renacer aquí y ahora. Alejarse de este espíritu de fijación que nos ata a lo material en cada instante, ése es el gran desafío. *Alexandre*

VER TAMBIÉN ASCETISMO

Falsos bienes

Los antiguos filósofos hablaban de falsos bienes para referirse a todo lo que no puede satisfacernos por mucho tiempo: gratitud, honor, gloria, placeres desenfrenados, riqueza... Es imposible encontrar la sabiduría en ellos. ***Alexandre***

Fatalismo

En un hospital, un hombre me da una lección tonificante. Tiene cáncer y lleva un gotero. Sacando su cigarrillo, me dice: «Jodido por jodido, ¿entiendes?». ¿Cómo podemos desobedecer este pesimismo, este fatalismo que da por hecho e introducir un poco de libertad en el corazón mismo de los deseos y apetitos que nos gobiernan? ¡Feliz y magnífico desafío! ***Alexandre***

Fatiga

Es más fácil ser sabio cuando el cuerpo está en buena forma: cuando se ha dormido bien, el estómago está lleno y no se sufre en carne propia. Un cuerpo calmado ayuda a ser sabio. De ahí la ayuda, por ejemplo, de la meditación *mindfulness*, que enseña a comprender, respetar y amar el propio cuerpo. De ahí la importancia de detalles como nuestro nivel de azúcar en la sangre, de algunas de nuestras habilidades (toma de decisiones, paciencia, perseverancia, impulsos…). Los más dotados pueden ser sabios incluso en las peores condiciones materiales. Los menos dotados, como yo, necesitan un poco de paz corporal; o saber que en ciertos momentos (de carencia, sufrimiento o enfermedad) sus cuerpos perturbarán su sabiduría en lugar de amplificarla. *Christophe*

Felicidad

La felicidad no es la meta, sino la consecuencia de la sabiduría: la curiosidad, la retrospección, la bondad, el amor al mundo, a los seres humanos y a la vida… ¡Como si todo esto fuera poco para hacer feliz a la gente! Porque la felicidad, como el sueño y todas las emociones, es un estado emergente: no se convoca ni se decreta, sucede. Cuando se cumplen las condiciones necesarias para su llegada, aumentan las posibilidades de que ocurra. ¿Y si no viene? Bueno, no es tan grave: la sabiduría es interesante incluso cuando no es una fuente inmediata de felicidad (estoy pensando en la sabiduría que a veces conduce a la lucidez y las enseñanzas de la decepción). ***Christophe***

VER TAMBIÉN ALEGRÍA, OPTIMISMO

Filosofía

Montesquieu no se anda con medias tintas. «Es algo extraordinario —escribió— que la filosofía se resume en estas tres palabras: "No me importa".» Hay muchas formas de entenderlo. Elegir deliberadamente no complicarse la vida y alejarse de la especulación. Las palabras del autor de las *Cartas persas*[17] me recuerdan las tres iniciales que Chögyam Trungpa citaba a menudo: CCL, *couldn't care less* (no podría importarme menos).

«No me importa»... Otra versión del MDI (¡me da igual!). El maestro tibetano solía repetir una y otra vez que, aparte del dharma, el camino interior y la compasión, no hay nada esencial, nada vital. Magnífica invitación a apartarnos y hacer resonar estas tres palabras en

---

17. Tecnos, Madrid, 2009.

nuestros corazones cuando la máquina de las preocupaciones se ponga en marcha.

Según Diógenes Laercio, fue Pitágoras quien acuñó el término «filosofía». Al lado del sabio, que conoce y disfruta de paz y tranquilidad, la famosa *ataraxia*, está, en el camino, el filósofo, literalmente aquel que ama la sabiduría. Aspira a ella y, con los medios a su alcance, avanza en su dirección. Un famoso extracto de la *Lógica*[18] de Kant resume las grandes cuestiones: ¿Qué puedo saber? ¿Qué puedo hacer? ¿Qué puedo esperar? ¿Qué es el hombre?

Filosofar es transformarse, cambiar de dirección, dar la vuelta, abrazar todo un arte de vivir *ad vitam sapienter instituendam*, para el establecimiento de una existencia sabia, como diría Spinoza.

En esta aventura, Jeanne Hersch me lanzó un verdadero salvavidas. La filósofa suiza con moño cuenta en un maravilloso libro, *El gran asombro*,[19] la historia del pensamiento occidental. Es el primer libro de filosofía que leí después de un extracto de Platón. Me salvó, en cierto modo. Durante días, fingiendo estar enfermo, me puse pálido para saborear estas encantadoras páginas. Descubrí nuevos compañeros de viaje: Sócrates, Aristóteles,

18. Akal, Madrid, 2001.

19. Acantilado, Barcelona, 2010.

san Agustín, Spinoza, Kierkegaard, Nietzsche y toda esa alegre camarilla que hace la vida tan bella, tan fácil, sin negar en absoluto su trágica naturaleza.

Si tuviera que resumir el camino en una sola expresión, me decantaría por Spinoza: «Esfuérzate y actúa con alegría». *Alexandre*

VER TAMBIÉN SÓCRATES, CHÖGYAM TRUNGPA

Fracaso

Como todo el mundo, prefiero tener éxito que fracasar: es más agradable, más satisfactorio y más gratificante. Pero cuando pienso en ello, creo que mis fracasos me han ayudado más a reflexionar, a cuestionarme y, finalmente, a progresar. Y, en definitiva, habría necesitado ambas cosas: energía y confianza, ofrecida por la alegría del éxito, y prudencia y trabajo duro, impuesto por la incomodidad del fracaso. *Christophe*

Fragilidad

Encuentro una especie de liberación al darme cuenta de que todo es frágil. Finalmente, puedo renunciar felizmente a la estabilidad, a la solidez, para aprender a nadar en la impermanencia. *Alexandre*

Fuerza

En los caóticos caminos que conducen milímetro a milímetro a la paz, siempre pisoteo sin avanzar. Sin embargo, Etty Hillesum me sirve de viático. Ante una muerte segura en un campo de concentración, encontró la libertad interior, en cualquier circunstancia, para alimentar una convicción: «Tendré fuerza». No es un optimismo ciego ni un método Coué [20] revisado, sino la certeza de que incluso en medio del mayor sufrimiento existe, en el fondo, una parte indemne que nada, absolutamente nada, puede arruinar o profanar. ¿Pero cómo, en medio de la aventura humana y sus vicisitudes, no olvidar este misterio? ***Alexandre***

VER TAMBIÉN HILLESUM, ETTY

---

20. El **método Coué** consiste en sugestionar la mente a través de la repetición diaria de la siguiente frase: «Todos los días, bajo todo punto de vista, me siento mejor, mejor y mejor». Esta frase debe pronunciarse veinte veces seguidas todas las mañanas, al despertarse, y todas las noches, antes de irse a dormir. (*N. de la T.*)

Hillesum, Etty

Una extraordinaria joven, asesinada en 1943 por los nazis en Auschwitz, nos dejó un diario escrito en un campo de concentración que expresa lo que puede llegar a ser la sabiduría en medio de la mayor adversidad. Benevolencia constante hacia la raza humana, coraje en la vida diaria. Hay, como ella, gente con el talento de la sabiduría: no te desanimes, síguelos lo mejor que puedas, aunque sea desde lejos, y avanza por el camino que ellos abren, muy por delante de nosotros. Ella escribe en su diario: «Hay un pozo muy profundo dentro de mí. Y Dios está en ese pozo. A veces puedo alcanzarlo, pero la mayoría de las veces la piedra y la arena lo cubren: entonces Dios está enterrado. Tienes que desenterrarlo de nuevo». Podemos reemplazar a Dios por Sabiduría, es el mismo trabajo incansable de limpieza. También habla de propagación y ejemplaridad: «Nuestra única obligación moral es limpiar grandes claros de paz dentro de nosotros y llevarlos de un lugar a otro hasta que esa paz se extienda a los demás. Y cuanta más paz haya en los seres, más paz habrá en este mundo en ebullición». Algunos consideran que sólo es una mística, casi una loca por no haberse rebelado, al menos en pensamiento, contra los horrores nazis. Deliberadamente, eligió un camino diferente. ¿Quién puede permitirse el lujo de juzgarla? *Christophe*

Humildad

La humildad es una forma de liberación: nos hace aceptar nuestras debilidades e insuficiencias, que constantemente tratamos de ocultar a los ojos de los demás. Nos libera de los gestos dramáticos y la obsesión por la crítica social, ya que no buscamos ocultar nuestros límites ni exponerlos (como en la falsa modestia). Nuestro amigo André Comte-Sponville da esta bella definición: «El hombre humilde no se cree inferior a los demás, sino que ha dejado de creerse superior». Por humildad, renunciamos a competir por el ego y la autopromoción: sabemos que hay más cosas que no sabemos que cosas que sabemos y, sobre todo, estamos más interesados en lo que queda por aprender y descubrir que en aquellas cosas que ya conocemos.

Y la humildad también tiene una ventaja sobre el materialismo: este último está muy interesado en hacernos creer que somos perfectos («¡eres fantástico!», «Sobre todo, sé tú mismo»), que hay respuestas para todo, que podemos encontrar soluciones fáciles para todo sin hacer mucho esfuerzo («quiero comprar algo: ¡pide un crédito y cómpralo!»; «quiero comer mucha azúcar, pero tengo diabetes. Bueno, toma medicamentos que bajen el nivel de azúcar en la sangre y sigue comiendo azúcar, ¡no hay nada malo en mimarse un poco!»). Si escuchamos estos cantos de sirena que nos hacen pensar que somos libres porque estamos haciendo lo que deseamos (lo que nos hacen desear, en realidad), pronto nos veremos encadenados. La humildad también puede ayudarnos en esta lucha: no, no soy maravilloso y excelente, soy normal, frágil y manipulable, como todos los demás. Y me interesa mantener los ojos bien abiertos ante los halagos, especialmente cuando vienen de la publicidad y de los vendedores de adicciones... *Christophe*

Ideal

Un ideal es una meta hermosa e intimidante. No tiene por qué ser necesario o posible alcanzarlo. El ideal es beneficioso mientras sea una fuente de motivación para el progreso personal, y tóxico cuando se convierte en un pretexto para desvalorizarse y perseguirse a sí mismo (los atormentados) o a otros (los fanáticos). Para muchos de nosotros, la sabiduría es más un ideal que una realidad cotidiana; pero es un ideal que nos ayuda a avanzar hacia una meta a nuestro alcance: esforzarnos cada día por ser lo más sabios posible. *Christophe*

Imperfecto

¿Quién dice que tienes que ser perfecto para ser amado? Es en el corazón de la fragilidad donde debemos crecer. Cada día, sin juzgarme todo el tiempo, tengo que morir, renunciar a todo, nacer de nuevo. Para la persona que lucha a diario, es alentador ver que ni la debilidad, ni la fatiga, ni la enfermedad, ni la incapacidad, ni, en una palabra, la imperfección del mundo, impiden la alegría. Se trata de esforzarse incansablemente por no quedarse estancado. Todo es efímero, incluso la infelicidad. Y las palabras de Spinoza dicen lo esencial y me sirven de *guía*: «Esfuérzate y actúa con alegría». ***Alexandre***

Impaciencia

La diligencia, definida como la alegría en forma de esfuerzo, no debe confundirse con la prisa, la impaciencia o el capricho. Cuenta una historia que un discípulo preguntó a un maestro Zen: «¿Cuánto tiempo me llevará alcanzar el *satori* (despertar)?». El maestro respondió: «Treinta años». El discípulo insistió: «¿Y si tengo mucha prisa?». El maestro respondió: «En ese caso, cincuenta años». ***Matthieu***

Impermanencia

La impermanencia está presente en todas las cosas: nada en el universo permanece idéntico a sí mismo dos instantes consecutivos. Entre todas las enseñanzas de Buda, se dice que las que destacan la impermanencia de todo son como la huella de una pata de elefante en el bosque: la más grande de todas las huellas. La reflexión sobre la muerte y la impermanencia es, de hecho, la que nos empuja con más fuerza hacia la práctica espiritual y nos insta a extraer la quintaesencia de la existencia en lugar de desperdiciarla en trivialidades.

Dilgo Khyentse Rimpoché contaba la historia de un sabio de principios del siglo XX, un yogui casado con una mujer llamada Apou, a la que estaba muy unido. «Si Apou desaparece, no me quedaré en este mundo por mucho tiempo», solía decir a veces. Un día, mientras él estaba fuera, Apou murió. Cuando regresó, sus discípulos no se atrevieron a darle la noticia. Finalmente, haciendo acopio de valor, le dijeron: «Tenemos muy malas noticias para ti: Apou ha muerto». El maestro los miró durante unos momentos con cierta conmiseración y a continuación les dijo: «¿Por qué parecéis tan consternados? ¿No habéis entendido las enseñanzas sobre la impermanencia y la fragilidad de la vida humana que tan a menudo os he dado?». Ser plenamente consciente de la realidad es la mejor manera de evitar tener un shock cuando sucede.

Si alguna entidad permaneciera idéntica a sí misma durante dos instantes consecutivos, significaría que ha escapado a la impermanencia. En tal caso, permanecería eternamente congelada en el mismo estado. Distorsionando la realidad, es decir, aferrándonos a la idea de que nosotros mismos, nuestros seres queridos y nuestras posesiones deben durar, no cambiar, y que realmente son «nuestros», alimentamos las causas del sufrimiento. Y, al final, aunque no queramos renunciar a nuestras posesiones y a nuestra vida misma, ¡serán ellas las que nos abandonarán! *Matthieu*

VER TAMBIÉN EFÍMERO, CONTROL

Incertidumbre

Al cerebro humano no le gusta la incertidumbre: ¿cómo organizas tus días si no sabes lo que pasará al día siguiente? ¿Imaginando lo peor? Es agotador. ¿Esperando lo mejor? Imprudente. Así que, para planificar, estimamos, suponemos, asumimos y terminamos adhiriéndonos a nuestras hipótesis, dándolas por sentado. La sabiduría sería no dejar de contarnos historias a nosotros mismos, pero al menos ser siempre conscientes de que nos las contamos: para escapar de la incomodidad de la incertidumbre, no puedo impedir que mi cerebro se anticipe e imagine historias, pero puedo impedirme a mí mismo creerlas con los ojos cerrados. Como Paul Valéry escribe bellamente en *Tel quel*: «La mente vuela de una tontería a otra como el pájaro de una rama a otra. No puede hacer nada más. Lo esencial es no sentirse seguro en ninguna».[21] Sabiduría sería decirse a sí mismo: «No lo sé, y mientras no lo sepa, no me cuento historias». Esto nos ahorraría muchas preocupaciones y resentimientos innecesarios. *Christophe*

Instrumentalización de la meditación

La meditación puede ser instrumentalizada con fines egoístas si no se enseña con una motivación altruista. Para comprender los riesgos que conlleva no cultivar la benevolencia, tomemos dos ejemplos caricaturescos pero reveladores: el francotirador y el psicópata. Si uno se contenta con la definición técnica de la atención plena («mantener la atención en el momento presente, en la experiencia que se desarrolla momento a momento, sin emitir un juicio»), entonces el francotirador, cuya misión es disparar a alguien, debe practicar la permanencia en el momento presente sin que sus emociones lo distraigan o lo perturben. No juzga en absoluto y no cuestiona si está bien o mal disparar a alguien. Un psicópata también puede enfocarse en el momento presente, sin juicio, para instrumentalizar despiadadamente a los demás. Sin embargo, no hay asesinos a sueldo ni psicópatas benévolos. Por lo tanto, se habla de «atención

21. Gallimard, París, 2016.

benévola» no para complicar las cosas, sino para evitar la instrumentalización y la explotación de la meditación con fines puramente utilitarios o incluso negativos. Claramente, el MBSR, el MBCT y otras intervenciones basadas en la meditación bien diseñadas, tienen un componente esencial de benevolencia, pero hoy en día muchas iniciativas de todo tipo están surgiendo de todas partes y de ninguna. Así que prevenir es mejor que curar.
Matthieu

Inteligencia

La capacidad de comprender el mundo y de resolver los problemas no sólo se compone de conocimiento y aprendizaje: hay eruditos (o «conocedores», como decimos hoy para criticarlos y para recordarnos los límites de un conocimiento estático y cerrado) que no son necesariamente muy inteligentes.

Las raíces latinas de las palabras nos iluminan: *interlegere* significa unir la información. La inteligencia nos permite entender el mundo conectando entre sí las cosas que vemos: el mono que usa un palo para atrapar termitas da muestras de inteligencia al introducir el palo en el termitero. Así que, para ser inteligentes, tenemos que mirar a nuestro alrededor, y si es posible mirarlo todo, no sólo lo que está cerca y es obvio o usual, no sólo lo que nos conviene. La inteligencia es estar abierto al mundo, y la gran inteligencia es estar totalmente abierto al mundo. ¡Pero hay tantas cosas que ver y conectar!

Por eso tenemos que entresacar y elegir, otra función de la inteligencia que llevó a la filósofa Simone Weil a escribir: «La inteligencia no tiene que descubrir nada, sólo tiene que ordenar. Sólo sirve para realizar tareas sencillas». La inteligencia está para limpiar y liberar la mente de todo lo que es inútil y estridente; de acuerdo, entendemos lo que eso significa hoy en día: protegernos de la avalancha de solicitudes, informaciones, incentivos e intrusiones redundantes e innecesarias de nuestra sociedad consumista y manipuladora. ¿Pero «sirve para tareas sencillas»? Porque la inteligencia no tiene moral ni valores, sólo es una herramienta. Hay timadores y cretinos inteligentes. Esto es lo que el escritor y filósofo Paul Nizan pensaba: «Sirve para todo, es buena para todo, es dócil para todo... La inteligencia es útil para la verdad, la falsedad, la paz, la guerra, el odio, el amor...». Por eso, un hombre sabio es necesariamente inteligente, y por eso una persona inteligente puede no ser sabia si no reside en ella la bondad hacia sus semejantes... ***Christophe***

Inteligencia artificial

¿La inteligencia artificial (IA) nos hace más sabios? ¿Aumenta nuestra conciencia? Recuerda que el motor de la llamada IA es el algoritmo, que puede definirse como un conjunto de reglas que nos permiten determinar, por cálculo, la secuencia de acciones necesarias para completar una tarea. Los recientes avances en el campo de la IA permiten no sólo llevar a cabo tareas complejas, como interpretar a J. S. Bach o vencer a Gary Kaspárov en el ajedrez, sino también aprender a participar en otros juegos basados en reglas introducidas en el sistema. Recientemente, un programa de IA aprendió en tres días a dominar el juego de go y a vencer en un cien por cien a otro ordenador que había vencido al campeón mundial. Este segundo ordenador no aprendió, pero previamente había memorizado miles de juegos de go y tenía una potencia de cálculo fenomenal. Hoy en día, en los casos complejos de cáncer, por ejemplo, la IA es capaz de hacer diagnósticos médicos más precisos y exactos que los mejores especialistas. Por lo tanto, es muy probable que, en un futuro próximo, la IA nos sustituya en muchas de las tareas que hoy en día requieren la intervención de la inteligencia humana. Sin embargo, este tipo de «inteligencia» tiene poco que ver con la conciencia. La IA no «pierde» o «gana», ni está triste o feliz, o sorprendida por la música de Bach que toca sin saberlo. No tiene nada que ver con un ser consciente que es capaz de observar la naturaleza fundamental de su mente, de librarse del odio y la codicia, de buscar la libertad interior o de disfrutar de un sentimiento de plenitud. En otras palabras, la IA no es un ser, sino un modo de cálculo. A menudo mezclamos las dos cosas. Se puede confundir fácilmente el «pienso, luego existo» de Descartes con un «calculo, luego existo», mientras que, desde el punto de vista fenomenológico, sería más bien como decir: «Soy consciente, luego existo». «En relación con la naturaleza fundamental de la conciencia, el puro despertar desprovisto de fabricaciones mentales, la inteligencia artificial no es nada, absolutamente nada. Más que nunca, el advenimiento de la IA subraya la diferencia fundamental entre «inteligencia» y «conciencia». Caminar entre el rocío de la mañana, meditar sobre la naturaleza luminosa de la mente, asombrarse por un paisaje sublime, conmoverse con la mirada inocente de un niño, llorar lágrimas cálidas, amar, dar, recibir, compartir, ayudar a los que sufren, vivir con dignidad... ¡Pobre inteligencia artificial que no sabe nada de esto! Qué maravilla la conciencia humana, tan llena de riqueza y profundidad. Por lo tanto... ¡Que una hermosa muerte sea la culminación de una hermosa vida!

Además, la IA se basa en el uso de una masa colosal de datos (los *big data*), que no pueden ser captados por un cerebro humano a pesar de su extraordinaria sofisticación. La paradoja es que tener instantáneamente toda la información que podríamos desear sobre la construcción de las pirámides o sobre las enfermedades del corazón no nos hace más sabios, más benévolos y más equilibrados. Una vez más, la llegada de los *big data* acentúa más que nunca la diferencia entre información y sabiduría. ***Matthieu***

Intención

La intención determina la dirección y la magnitud de nuestro entusiasmo. Es como los primeros pasos que determinan la dirección del viaje que emprendemos. En el budismo se dice que si la intención es correcta y buena, en la medida en que se dedica al bien de los seres, el camino y la meta también serán correctos y buenos. ***Matthieu***

Interdependencia

Treinta y cinco países han hecho posible que llegue a tus manos una hoja de papel. Primero, un leñador cortó un árbol en un bosque de Noruega y luego un transportista danés lo llevó a una fábrica francesa. El almidón extraído de patatas de la República Checa se añade a la pulpa de papel después de haber sido coloreada o blanqueada con productos químicos fabricados en Alemania, etc. Por otro lado, todas las personas que han contribuido a esta cadena tienen padres, abuelos, hijos, etc., que pueden haber influido en sus decisiones. En resumen, podríamos leer sobre la superficie del papel una marca de agua con la inscripción: «Los otros, los otros, los otros...». Esta comprensión de la interdependencia de todos los seres y las cosas debería llenarnos constantemente de gratitud.

Si observamos de cerca la naturaleza, también observaremos la interdependencia en la biosfera: en un momento dado, las plantas y los animales logran sobrevivir, se asocian, cooperan o compiten, evolucionan, se regeneran y resuelven desafíos a menudo complejos. La interdependencia es el tejido mismo de la existencia. *Matthieu*

VER TAMBIÉN SOLIDARIDAD

Interior

Ser bueno es un trabajo duro. Y requiere un doble esfuerzo: enfrentarse cada día a la vida real (es demasiado fácil profesar sabiduría en casa), pero también aprender de estas confrontaciones, meditarlas, digerir-

las, asimilarlas. Es un trabajo que requiere frecuentes momentos de retraimiento en el interior de uno mismo, donde no podemos mentirnos ni contarnos historias. La sabiduría significa no huir nunca de los encuentros cara a cara, primero con la realidad y luego con uno mismo. Y, por lo tanto, no huir de la incomodidad, la confrontación con los propios límites, las propias faltas, las propias debilidades, las propias pequeñeces, la propia cobardía. Sólo así hay esperanza de superarlas y liberarse de ellas, quizás algún día. Y al menos de mantenerlas a distancia cada día de nuestras vidas...
Christophe

Ira

Cuantas más emociones negativas tengamos, más superpondremos nuestras construcciones mentales a la realidad. La psicología positiva, las terapias cognitivas y el budismo están de acuerdo en este punto. Durante un encuentro con el dalái lama, Aaron Beck, el fundador de las terapias cognitivas, explicó que, cuando estamos muy enfadados, el 80 % de nuestras percepciones se superponen a la realidad. Si los seres humanos fueran atractivos o repulsivos en sí mismos, todos nos sentiríamos atraídos o repelidos por las mismas personas, lo cual no es el caso. Pasamos por alto esta evidencia cuando el deseo o la ira nos abruman porque estamos atravesando un «período refractario», como dice el psicólogo de las emociones Paul Ekman, que nos impide darnos cuenta de que la persona que odiamos en ese momento tiene otras cualidades, o que la persona que deseamos locamente también tiene defectos.

La ira, al igual que las demás emociones negativas, tiene otra característica, en la que el dalái lama insiste a menudo: no necesita cultivarse para crecer. Puedes tener enormes berrinches sin necesidad de entrenar ni un segundo. Como uno de mis maestros, Jigme Khyentse Rimpoché, solía decir: «No necesitamos ejercitar nuestra mente para que se altere o se ponga celosa más fácilmente; no necesitamos un acelerador de la ira o un refuerzo del orgullo». Por otro lado, aunque seamos naturalmente pacientes o benévolos, necesitamos hacer un esfuerzo para serlo más.

¿Es inútil tratar de suprimir la ira? ¿No sería más sencillo dejar que se agotara? La experiencia demuestra que si nos acostumbramos a dejar que las emociones negativas se desborden, se comportan como una infección que no se trata a tiempo: se hacen cada vez más fuertes y echan raíces en nuestras mentes. Tan pronto como la carga emocional alcance un umbral crítico, caeremos de nuevo bajo su poder. Además, este umbral no dejará de reducirse. Cada vez tardaremos menos en enfadarnos, nos pondremos nerviosos antes, y así sucesivamente. Esto no significa que haya que reprimir las emociones. Sería una solución de corta duración que probablemente no contribuiría a la paz interior. Porque, una de dos: o bien las emociones negativas son inherentes a nuestra mente, en cuyo caso querer deshacerse de ellas es como luchar contra lo que forma parte de nosotros mismos, lo que sólo puede conducir al fracaso, o su presencia en nuestra mente es debida a causas y condiciones transitorias, y entonces es posible liberarse de ellas.

Añadiría que la ira también puede ser una manifestación de justa indignación, un sentimiento de revuelta ante una injusticia, como, por ejemplo, una matanza que despertara un fuerte deseo de ayudar a las víctimas. *Matthieu*

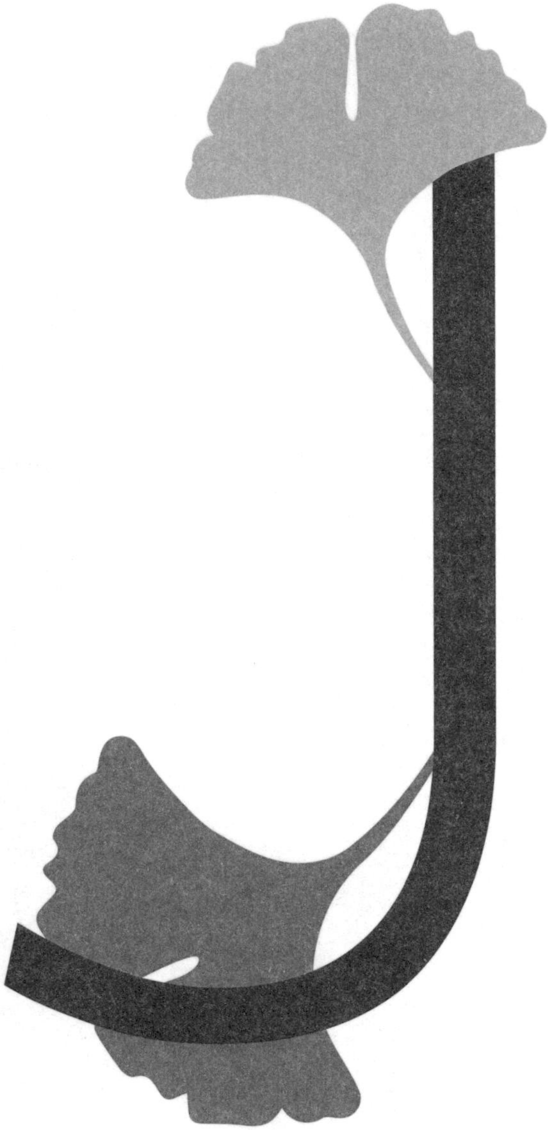

Jardín público

Al diseñar parques y jardines públicos, la arquitecta berlinesa Christa Fischer nunca proyecta los senderos: empieza cubriéndolo todo de césped y luego deja que los usuarios del parque tomen libremente los senderos que se adaptan a sus paseos diarios; a continuación, pasados unos meses, construye con grava los caminos dibujados por las pisadas, ¡obedeciendo al uso natural de los humanos! Sabiduría de arquitecta: poner a los seres humanos en el centro de su trabajo, y no su ego de creadora o artista... *Christophe*

Jesús

No es exactamente un modelo de un hombre sabio. A veces provocador, paradójico, hermético, exigente, radical... Normal: Jesús no era un sabio, sino un Mesías, un profeta, un salvador. Atender a los sabios hace bien y te convierte en una persona mejor (por eso precisamente los reconocemos). Escuchar a los profetas perturba, hiere, trastorna; no nos piden que los escuchemos, sino que los obedezcamos y los sigamos. Con los profetas no podemos cometer un error, de lo contrario las cosas terminan mal. Un falso sabio hace menos daño que un falso profeta. *Christophe*

Karma

La noción budista de karma es a menudo mal entendida en Occidente. Karma significa «acto», pero también designa el vínculo dinámico que existe entre una acción y su resultado. Cada acción (al igual que cada intención detrás de ella) se considera positiva o negativa dependiendo de sus efectos sobre la felicidad y el sufrimiento de uno mismo y de los demás. Es tan estúpido querer vivir felizmente sin renunciar a hacer daño como poner la mano en el fuego esperando no quemarse. Toda alegría y sufrimiento son los productos lógicos e ineludibles de la ley de causa y efecto. En esencia, el karma es un aspecto de las leyes generales de causa y efecto que concierne al resultado de acciones, palabras y pensamientos motivados por una intención benévola, neutral o malévola. *Matthieu*

Karuna

La compasión, *karuna* en sánscrito, es la forma que toma el amor altruista cuando se enfrenta al sufrimiento de los demás. El budismo lo define como «el deseo de que todos los seres estén libres del sufrimiento y sus causas». Esto incluye no sólo las causas del sufrimiento inmediato y visible, sino también las más profundas, incluyendo la ignorancia que nos lleva a perpetuar el ciclo de sufrimiento. La compasión no es simplemente una «recompensa» por el buen comportamiento: tiene como objetivo eliminar todo el sufrimiento individual, sea cual sea, esté donde esté y sean cuales sean sus causas. Visto de esta manera, el altruismo y la compasión pueden ser imparciales e ilimitados.

Karuna es también el nombre de la organización humanista que fundé con algunos amigos hace veinte años y que ayuda a casi doscientas mil personas al año en la India, Nepal y el Tíbet y que pronto se pondrá en marcha en Francia. ***Matthieu***

Libertad (trampas y restricciones)

Como psiquiatra y psicoterapeuta, a menudo percibo ciertas patologías como pérdidas de libertad: las fobias restringen nuestra libertad de movimiento, las depresiones sofocan nuestra libertad de decisión y acción, las adicciones nos esclavizan… Pero, por supuesto, todas estas pérdidas externas de libertad tienen su origen en una pérdida de libertad interior: nuestros sufrimientos y miedos son las prisiones invisibles de las que más nos cuesta salir.

Sin embargo, la enfermedad no es la única causa de la restricción de nuestra libertad; la vida cotidiana también tiene muchas trampas: la trampa de los hábitos y rituales (siempre pensamos, actuamos y vivimos de la misma manera) y la trampa de las preocupaciones y ocupaciones diarias (dedicamos la mayor parte de nuestra energía mental y física a tareas necesarias pero triviales, descuidando lo que da sentido a nuestras vidas). Esta última pérdida de libertad es muy importante para mí: las investigaciones sobre el contenido del pensamiento evidencian que la mayor parte de nuestra vida interior se compone de pensamientos triviales sobre nuestras actividades personales (pagar el alquiler, sacar la basura) y actividades profesionales (responder a los correos electrónicos, preparar una reunión).

Dedicar tiempo a hacer otras cosas (contemplar la naturaleza, reflexionar sobre nuestros ideales, meditar sobre la gratitud o la compasión, alegrarnos de estar vivos) es una decisión personal, aparentemente no muy complicada, pero que muy raramente ponemos en práctica. Esta libertad de elegir seguir siendo un ser humano y no convertirse en un trabajador-consumidor, es una libertad interior a la que debo dar vida dentro de mí.

Trabajando en este tema de la vida interior, he descubierto que nuestro estilo de vida contemporáneo nos «externaliza», nos exilia de nosotros mismos y restringe nuestra libertad. Esta necesidad es universal. Sería un error creer que nuestro discurso sólo concierne a los ricos, a los que gozan de mayor comodidad material y política y quieren nutrir su pequeña libertad interior como si fuera una acogedora crisálida, mientras que los que, externamente, están esclavizados por razones económicas o físicas, no pueden aprovecharla. Me parece que este sesgo de razonamiento empobrece la realidad y que la libertad interior concierne a todos. ***Christophe***

¿Libertad o sabiduría?

En el colegio donde viví entre los tres y los veinte años, el padre Morand me había confiado un robusto libro que yo hojeaba con veneración. Las páginas amarillentas y gastadas de aquel libro de filosofía eran imponentes... Yo tenía catorce años, tenía muchos complejos y asumía de frente mis diferencias, mi singularidad. Sintiendo que nunca sería como los demás, atrapado en un pánico silencioso, intenté extraer algunos consejos. Necesitaba una brújula, una dirección. Un capítulo del libro trataba sobre la alienación, la esclavitud y la tristeza. Y el autor evocaba una piedra que caía... en caída libre. ¡Qué expresión tan curiosa! En mi mente maltrecha y caótica, las preguntas venían de todos lados: ¿Qué es la libertad en el fondo? ¿Hacer lo que queremos? ¿Dar rienda suelta a nuestros deseos? ¿No encontrar ningún obstáculo, ningún impedimento? Sobre todo, me preguntaba qué margen de maniobra le quedaba a un chico con parálisis cerebral que quería huir de un destino ya fijado: enrollar cigarros en un entorno protegido. ¿Cómo podía aquel joven confundido evitar esa prisión interior, esa avalancha de diagnósticos, ese montón de etiquetas? ¿Había un *fatum*? ¿Estaba todo escrito?

Cayendo en caída libre… Como una piedra, sin ascetismo, sin ejercicios espirituales, lo sabía, estaba condenado, podía caerme de bruces en cualquier momento, sumido en un caos total: complejos, mecanismos de defensa, miedo al rechazo, deseos mal identificados… Todo contribuía a que llevara una vida casi robótica. Aturdido por la incertidumbre, tan inseguro como era posible, traté desesperadamente de traer algo de claridad y alegría a una vida que preveía un poco complicada.

Por primera vez sonó una llamada. Spinoza, en su famosa carta a Schuller, hacía el diagnóstico: «Esta piedra, ciertamente, como sólo es consciente de su esfuerzo, se creerá libre y sólo perseverará en su movimiento por la única razón que quiera. Tal es esta libertad humana que todos los hombres se jactan de tener y que consiste únicamente en que los hombres son conscientes de sus deseos e ignoran las causas que los determinan».

Cuando era adolescente, me aficioné a un programa de televisión. Se le hacía una pregunta a un filósofo profesional. Conminado a responder, dudó. ¿Qué era más importante: la libertad, la felicidad o la sabiduría? ¿Hacía falta elegir? ¿Poner una marca de verificación delante de su preferencia? ¿Establecer una jerarquía donde no hay opciones? En aquella época, yo lo quería todo: sabiduría, felicidad, libertad. Supongo que no se puede esperar ser razonablemente feliz sin un mínimo de libertad interior. ¿Cómo podemos perseguir la sabiduría cuando las limitaciones, el miedo y un sinfín de tentaciones, condicionamientos y hábitos nos mantienen esclavizados? En este terreno, Spinoza sigue siendo un médico brillante. ¿Nos tendería una mano para ayudarnos a empezar nuestra expedición? Su tratamiento pretende ser claro y eficaz: debemos abordar lo que oscurece nuestro estado de ánimo, lo que influye en nuestra forma de ser y nos aliena. En resumen, los determinismos y fuerzas que nos llevan a apegarnos, a amar, a odiar, a temer, a esperar para siempre.

Escuchando a Matthieu, entiendo que la sabiduría y la libertad van de la mano. ¿Y si el primer paso consiste en localizar tranquilamente el modo de piloto automático que necrosa nuestra vida diaria para recuperar una relación lúcida y alegre con uno mismo y con el mundo, dejar de ser una marioneta, dejar de confiar en las circunstancias, el control remoto que gobierna nuestro estado mental? El desafío de la vida espiritual reside, por lo tanto, en la osadía: atreverse a zigzaguear apaciblemente, a construir una libertad lejos de la tiranía de un «yo» caprichoso y de la dictadura del «hay que», que a menudo nos obliga a doblegarnos a la norma, a patrones arrolladores. Spinoza, Nietzsche, Freud y muchos otros nos han enseñado que la libertad no se puede dar. Se construye, se descubre en medio de las alienaciones e ilusiones que nos encierran en *nuestro* mundo, lejos de la realidad. *Alexandre*

Libertad última

En el budismo, hablamos de dos niveles de libertad: la que nos permite dedicarnos al camino espiritual y la que nos libera del yugo del sufrimiento y sus causas. La primera consiste en deshacerse de todo lo que obstaculiza el camino hacia la iluminación, especialmente las preocupaciones y ocupaciones fútiles que sólo nos distraen día tras día hasta la muerte. La segunda es la liberación de la confusión y los estados mentales que nos afligen y oscurecen nuestras mentes. Desde este punto de vista, la libertad última es sinónimo de Despertar.

Estamos muy lejos de tener la libertad de hacer cualquier cosa. A menudo recuerdo las palabras de una joven entrevistada por la BBC: «Para mí, la libertad —dijo— es hacer todo lo que se me ocurra sin que nadie tenga nada que objetar». Esto sería someterse a todos los pensamientos salvajes que pasan por mi mente. Su punto de vista era radicalmente individualista, porque no le importaban los deseos de los demás.

La verdadera libertad consiste en dominar la mente en lugar de dejarla a la deriva por el capricho de los pensamientos. Como un marinero, libre de navegar hacia el destino que elija, pero que tiene que controlar su barco sin dejar que los vientos y las corrientes lo impulsen contra los arrecifes. En otras palabras, ser libre es liberarse de la dictadura del ego y de las tendencias habituales forjadas por nuestros condicionamientos.

Porque casi todos somos juguetes de nuestros errores, nuestros condicionamientos, nuestros impulsos, nuestros conflictos internos, nuestros pensamientos errantes y nuestras emociones perturbadoras. Esta servidumbre causa mucho sufrimiento. ¿Cómo podemos salir de la prisión de estos mecanismos ante los cuales a veces nos sentimos impotentes, incluso resignados? La principal dificultad proviene de la falta de discernimiento: somos incapaces de identificar estos engranajes mentales o de detectar los pensamientos que nos esclavizan. La sabiduría, la lucidez y la competencia que nos permiten recuperar nuestra libertad escasean con demasiada frecuencia. Por lo tanto, la libertad interior puede adquirirse a través de una mejor comprensión de cómo funciona nuestra mente y cuáles son los mecanismos de la felicidad y el sufrimiento. Este discernimiento debe ir de la mano de un *entrenamiento* que permita a nuestra mente lidiar fácil e inteligentemente con estados mentales aflictivos.

Algunas personas piensan que si sigues esta disciplina, cuando vas a un retiro de meditación o a una estancia en un monasterio, por ejemplo, pierdes tu libertad. Pero también deberían pensar lo mismo del deportista o el artista que practica durante horas en lugar de pasar su tiempo tomando el sol en la playa. ¿Sacrifica el aprendiz de escalador su libertad cuando se queda durante horas en un rocódromo siguiendo los consejos de un instructor? Para mí, en cualquier caso, es una alegría pasar tiempo en una ermita para cultivar la bondad y controlar mi mente, sin tener que hacer cosas que sólo conducen a más confusión y sufrimiento.

La libertad interior nos da una gran fuerza y nos hace menos vulnerables a nuestros propios pensamientos, que a veces surgen como enemigos, pero también nos ayuda a estar menos desorientados por las condiciones externas siempre cambiantes. Somos menos egocéntricos y más abiertos a los demás. Por lo tanto, la libertad interior se expresa naturalmente con más bondad. En resumen, todos ganamos. ***Matthieu***

Locura

En cuarenta años ejerciendo la hermosa profesión de psiquiatra, nunca he visto locos o locas: sólo seres humanos que sufren. Un sufrimiento tan intenso que los llevó a hacer lo contrario de lo que hubiera sido bueno para ellos y sus seres queridos. El sufrimiento quita la sabiduría, ya que ésta se retrae en sí misma, en el yo que va mal, y quita la lucidez, la apertura de mente, la escucha de los demás. Podemos relajarnos, reírnos, «tontear»: esto no significa que no puedas ser sabio de otras maneras. ***Christophe***

Maldad

Como el psicólogo Roy Baumeister mostró en su libro *Evil*[22] (Maldad), la maldad absoluta es un mito. Los que se vengan creen que está moralmente justificado el uso de la violencia para reparar el daño que se les ha hecho. Incluso aquellos que cometieron las peores atrocidades están convencidos de que se defendían contra las fuerzas del mal. Su interpretación de la realidad, por aberrante que sea, muestra que ninguno de ellos parece estar impulsado por el único deseo de hacer el mal por el mal.

Según el budismo, el mal absoluto no existe porque cada ser, no importa cuán lejos haya llegado en el horror, siempre tiene dentro de sí, en la naturaleza fundamental de su conciencia, una cualidad inalterable comparable a una pepita de oro que ha caído en el fango, una cualidad

22. Saint Martin's Press, Nueva York, 2000.

que se llama «naturaleza de Buda». Los que han caído en la violencia afirman que su causa es justa y que sus derechos han sido violados. Incluso cuando lo que dicen es una burda tergiversación de la realidad, nosotros tenemos que prestar atención a sus motivos si queremos evitar nuevos brotes de violencia. Alexandre citaba a Spinoza: «No te burles, no llores, no odies, pero comprende». Eso es lo primero que hay que hacer. El oficial de policía que supervisaba el interrogatorio a Anders Breivik, el fanático perpetrador de los crímenes masivos cometidos en Noruega en 2011, abogaba por la «escucha activa»: hay que preguntar al criminal cómo explica lo que ha hecho. Para prevenir el resurgimiento del mal, es esencial entender primero por qué y cómo puede haber ocurrido.

Si observamos cómo se produce un genocidio, nos damos cuenta de que casi siempre se empieza por demonizar, deshumanizar y despersonalizar a un grupo particular de individuos. Dejan de ser personas como tú y yo, con familias, alegrías y penas. Ya no se diferencian más que por sus números de identificación. También hay una insensibilización al sufrimiento que se les va a infligir al convertir el asesinato en un deber público o un acto de salvación. Así es como poco a poco se pueden llegar a cometer actos que anteriormente se consideraban impensables.

En un proceso similar, cosificamos a los animales en objetos de consumo y los usamos como nos parece. Cien mil millones de animales mueren cada dos meses en la Tierra, como si no pasara nada. No se trata de una «maldad» absoluta, sino de falta de conocimiento y bondad hacia los ocho millones de especies que son nuestras conciudadanas en este mundo. *Matthieu*

Maravillarse

El asombro invita a nuestro paisaje interior a estados mentales serenos, vastos y abiertos que engendran un sentido de adecuación con el mundo. Nos saca de nosotros mismos, inmensifica la mente y expande el corazón. Nos llena de la vasta y conmovedora interdependencia de los seres y la naturaleza. Con todo esto, el asombro nos guía hacia la sabiduría.

Las fuentes de asombro son múltiples: la mirada de un recién nacido, un acto de gran bondad, los momentos en que uno deja que su mente descanse en el seno de la paz interior. Maravillémonos con el desierto o con un rostro que refleje las profundidades de la sabiduría y la compasión. Maravillémonos con un poema, un preludio de Bach o una enseñanza que nos inspiren. Fundirse en la inmensidad del cielo, perderse en el laberinto de la corteza de un árbol, desaparecer en la intimidad de una flor, saborear la melodiosa llamada de un tordo, la ligereza de un copo de nieve que aterriza en la palma de la mano, la frescura del momento presente sin perderse en mil y una distracciones.

El asombro es similar a la experiencia de *flujo*, esa inmersión perfecta en lo que uno hace o contempla descrita por el psicólogo Mihály Csíkszentmihályi.

Incompatible con la animosidad, la avaricia y el orgullo, el asombro permite sacar a la superficie lo mejor de nosotros mismos; y, puesto que combina perfectamente con la benevolencia, la generosidad y la admiración, está desprovisto de vanidad. Nos eleva. Una serie de estudios realizados por psicólogos ha puesto de relieve algunas virtudes insospechadas del asombro: ¡magnifica el altruismo, el comportamiento prosocial y la generosidad! Refuerza el sentido de pertenencia, el deseo de compromiso colectivo y la cooperación. Fomenta la creatividad y profundiza el sentido de presencia, aquí y ahora, en el mundo. Habitados por el asombro, sentimos que estamos en el centro del universo. Sentimos que somos parte de algo «más grande que nosotros» y nos preocupamos más por los problemas globales que trascienden lo individual, especialmente los del medio ambiente. Maravillarse, nos dicen los investigadores, reduce el individualismo y la autocompasión.

Aquellos que se maravillan están más dispuestos a describirse como «habitantes de este planeta» que como «individuos». El asombro engendra respeto a la naturaleza, el respeto lleva al deseo de proteger nuestro medio ambiente, y este deseo lleva a la acción, que a su vez puede llevarnos a una armonía duradera entre el hombre y el medio ambiente del que forma parte a través de la interdependencia de todas las cosas. ***Matthieu***

VER TAMBIÉN BIOFILIA, NATURALEZA

MDI (Me da igual)

Conocí a un gastroenterólogo que, después de examinarme a fondo, me aseguró que no tenía nada. Luego me dio un valioso consejo: «Imagina que a partir de ahora tienes una carpeta donde poner los archivos MDI, "me da igual". Cada vez que estés preocupado por algo, guárdalo en la carpeta». Aquel médico, impecable, no sólo hizo todo lo posible desde el punto de vista médico para detectar una posible enfermedad, sino que también me ayudó a liberarme de toda mi ansiedad. Sin trivializar mi miedo o sacar a relucir el concepto de trastorno *psicosomático* demasiado pronto, me ayudó mucho. ¿Por qué no seguimos su consejo y creamos una carpeta MDI para nosotros mismos, para así poder archivar todas nuestras preocupaciones innecesarias? Este ejercicio debe practicarse en tiempo presente y en primera persona: forzar a alguien que está ansioso es ineficaz y cruel. Aprender a tener paciencia es también descubrir gradualmente la confianza en la vida. En este camino, los amigos en el bien nos ayudan cuando nos caemos. *Alexandre*

Mecánico espiritual

Chögyam Trungpa también nos ayuda en nuestro viaje a través del desierto. Recomienda que el estudiante utilice el punto de vista del mecánico para analizar los principales proyectos de su vida. Cuando le llevas el coche con la chapa abollada, un parabrisas hecho añicos o una puerta arrancada, el mecánico se abstiene de juzgar. Observa y, sin demora, trata de reparar el daño. De la misma manera, observemos sin dramas nuestra singular capacidad para engañarnos. ¿Por qué a veces preferiríamos reventar antes que equivocarnos? ¿Qué extrañas fuerzas nos amarran a nuestro punto de vista, a nuestros hábitos? *Alexandre*

VER TAMBIÉN CHÖGYAM TRUNGPA

Medio ambiente

Para cambiarnos a nosotros y al mundo, nuestros esfuerzos personales son importantes, pero nuestro entorno es fundamental: es el lugar en el que evolucionamos a diario, sin que nos demos cuenta, e infunde en nosotros sus vicios y virtudes, frenándonos o ayudándonos. Para mí, como médico, puede, por ejemplo, contribuir a nuestra salud o alterarla. Esto es lo que se llama «medicina ambiental»: no podemos estar sanos en un entorno enfermo, en un ecosistema humano contaminado, ya sea físico (contaminación del aire, del agua, de los alimentos), relacional (estar constantemente compitiendo o comparándonos con los demás) o cultural (vivir en una sociedad egoísta y materialista). Y a la inversa, un entorno favorable beneficia nuestra salud y bienestar: el contacto regular con la naturaleza, tener familiares y amigos dispuestos a amarnos y ayudarnos, pertenecer a una cultura que promueve valores de solidaridad y respeto y los hace vivir en nosotros... Todo esto es bueno para nuestra pequeña persona, aunque no requiera ningún esfuerzo por nuestra parte.

Por lo tanto, el pensamiento ecológico no sólo se refiere al cuidado de la naturaleza, sino también a la protección de las relaciones y las sociedades humanas, de lo mejor que tienen. Al igual que la desconfianza o la acción sirven para enfrentarse a lo peor que tienen. Todo esto es muy importante, aunque a veces no nos demos cuenta. Un ambiente de apoyo libera mi mente generando emociones agradables, proporcionándome una sensación de seguridad personal, permitiéndome relacionarme con el mundo de forma abierta y pacífica. Me propicia la sensación de vivir en un universo previsible, justo y coherente. ¡Es como un viento favorable que nos empuja y nos ayuda a avanzar! Por el contrario, un ambiente tóxico nos estresa, nos entristece, nos cansa, nos obliga a estar alerta, a desconfiar y a protegernos de él.

Lo que me gusta de este concepto de ecología es que nos recuerda que no somos seres inmateriales que salen del suelo: ¡encontramos nuestros nutrientes donde echamos raíces, en nuestra cultura, en nuestro entorno físico, en los lazos que forjamos con nuestros semejantes! El árbol de la ciudad no crece de la misma manera que el del bosque. Por eso puede ser valioso reflexionar sobre una ecología de nuestro equilibrio interior, y definir las condiciones externas que pueden ser favorables o desfavorables para él. *Christophe*

VER TAMBIÉN BIOFILIA, ECOLOGÍA

Meditación (definición)

Según la etimología de las palabras sánscritas y tibetanas, «meditar» significa «cultivar» (se incorpora la idea de entrenar la mente), pero también «familiarizarse con». Así que hay tantas formas de meditación como formas de entrenar la mente. Todas ellas incluyen presencia mental, atención, claridad y estabilidad. Si cultivamos la atención y la benevolencia, por ejemplo, nos familiarizamos con estas cualidades. Así que hay una dimensión intencional y un proceso de entrenamiento acumulativo (te vuelves cada vez más atento y cuidadoso). También puedes familiarizarte con una nueva forma de ser, de manejar tus pensamientos y percibir el mundo. Por último, podemos familiarizarnos con la naturaleza de nuestra mente, que normalmente se nos escapa porque está velada por las nubes de nuestras fabricaciones mentales, la Radio Mental FM que tanto le gusta a Alexandre. Te acostumbrarás a aprehender la atención plena tras las cascadas de pensamientos y a descansar en la naturaleza de la conciencia pura. En este caso, no se trata de un entrenamiento activo, sino de una experiencia directa. Por lo tanto, la práctica no será un «*body building* mental», sino que consistirá en despejar las nubes de la confusión y contemplar el cielo de la naturaleza de la mente.

La introspección budista utiliza dos métodos: uno analítico y otro contemplativo. La meditación analítica consiste en llegar al fondo de las cosas. ¿Las cosas son permanentes o impermanentes? ¿Existen de forma autónoma o interdependiente? ¿Cuáles son las causas inmediatas y finales del sufrimiento? ¿Existe el «yo», el ego, como una entidad unitaria, dotada de existencia propia? ¿O es simplemente una ilusión cómoda que sólo existe por convención? Una vez que se ha llegado a una conclusión irrefutable, la meditación contemplativa consiste en dejar que la mente descanse de forma no discursiva en esta nueva comprensión, para llegar a ser parte de ella como el agua que entra en la tierra.

Al principio, nuestra mente es muy turbulenta, por lo que es muy difícil completar una meditación analítica, cultivar la compasión y, más aún, observar la naturaleza de la conciencia: es simplemente un torbellino de pensamientos. Así que el primer paso, como hemos visto, es adquirir una cierta calma. No se trata de aturdir la mente como se noquea a alguien con un palo, sino de permitir que sea un poco más clara, un poco más estable. Por eso, la mayoría de las meditaciones comienzan con la observación de la respiración. Es a la vez práctico (la respiración está siempre ahí), simple (con un movimiento permanente de ida y vuelta) y sutil (es invisible y, si no le prestamos atención, desaparece instantáneamente del campo de nuestras percepciones). Por lo tanto, es un excelente objeto para afinar nuestra capacidad de atención. Sin embargo, este simple entrenamiento no es fácil. Podemos desanimarnos al principio cuando nos damos cuenta: «Tengo más pensamientos que antes, no estoy hecho para la meditación». No es que necesariamente haya más, pero empiezas a darte cuenta de lo que está pasando, a percibir la magnitud de la tragedia. Con el tiempo, como una cascada que se convierte en un arroyo, luego en un río y, finalmente, en un lago transparente, la mente se calma.

Después de unas semanas, quizá meses, puedes dar el siguiente paso. Ahora que tienes una mente más flexible y preparada, y eres capaz de guiarla como si fuera un caballo bien entrenado, puedes decirle: «Concéntrate en la compasión». Hay que respetar esta progresión y no sirve de nada saltarse etapas: si quieres meditar sobre la compasión cuando tu mente no está preparada, no vas a cultivar la compasión, sólo te vas a distraer.

También puedo preguntarme: «Finalmente, ¿quién está meditando? ¿El yo? ¿La conciencia?». Puedo analizar la naturaleza de todo esto. De una manera más contemplativa y directa, soy capaz de profundizar aún más en mi búsqueda: «¿Qué hay detrás de todos estos pensamientos? ¿No es esta presencia plena, este aspecto de la conciencia desnuda la fuente de todo lo que ocurre en la mente?». A partir de ese momento comienzo a vislumbrar lo que subyace a cada pensamiento, algo que siempre está ahí, como el cielo inmutable detrás de las nubes. Entonces puedo dejar que la mente descanse en esa presencia consciente. ***Matthieu***

VER TAMBIÉN INSTRUMENTALIZACIÓN DE LA MEDITACIÓN

Meditación (para desprenderse de sí mismo y trabajar por el bien de todos)

Meditar es abrirse a una experiencia contemplativa, unirse a la llamada de las tradiciones espirituales a considerar lo real renunciando al deseo de poseerlo, de captarlo, sin rechazar nada. Los místicos cristianos nos toman de la mano para llevarnos más allá del tener, de la posesión, la incautación y el rechazo. Una experiencia singular... El yo habitual se eclipsa y se puede adivinar una relación diferente con el mundo. Los budistas nos invitan a entregarnos al mundo sin que el ego aporte constantemente su granito de arena. Cuando la insatisfacción se apodera de nosotros, es difícil no considerar al otro, a la naturaleza y a la vida misma como instrumentos, muletas, unos inmensos almacenes... La práctica amplía y despeja el horizonte.

¿Cómo podemos poner fin a la codicia mental? Schopenhauer habla de este ciego y voraz «querer-vivir», ciego y voraz, que desea a través de nosotros. Embarcarse en el futuro espiritual es quizá dejar poco a poco este apetito inextinguible, este estado de carencia. Es una locura cómo el interés, el deseo y las expectativas nos alejan de la belleza, la ligereza y la gratuidad de cada instante. Si nos vemos atenazados por el hambre, ¿cómo podemos caminar por una calle, incluso la más hermosa del mundo, sin fijarnos en los restaurantes, las comidas rápidas, la mejor pizzería de la zona, cerrados a todo lo demás? Es imposible, por lo tanto, encontrar la plenitud, el descanso y la paz.

Meditar es también probar otra relación con uno mismo, con los demás, a diario, para abrirse a la calidad de ser, al buen gusto, a la disponibilidad interior. Bergson, conocido más tarde como Maestro Eckhart, distingue el yo superficial, que podríamos llamar yo social, del interior del ser humano. Precisamente, meditar o rezar es adentrarse allí poco a poco, abandonar los automatismos, decir adiós al personaje para dejar de identificarnos con él. Los cristianos hablan de combate espiritual. Es decir, que el ego, las tentaciones, las ilusiones y la capacidad de engañarnos a nosotros mismos son tenaces y duros de pelar...

Concretamente, para tener algunas pistas, he aquí una especie de kit de supervivencia que he usado durante mucho tiempo para entregarme a la práctica del entrenamiento de la mente. En primer lugar, bajar el volumen de la Radio Mental FM, escuchar detenidamente los ruidos del mundo, prestar atención al sonido de las bocinas, la risa de un niño, el silencio y, en definitiva, todo lo que nos rodea, para salir de nuestro cine interior y abrirnos a todo el universo. Una leyenda cuenta que Avalokiteshvara, el bodhisattva de la compasión (Kannon en japonés, que se representa bajo una forma femenina en

China), alcanzó la iluminación prestando atención a los demás, abriéndose a las llamadas de angustia, los gritos, la desesperación de los seres. Volver a los sentidos, a la percepción, es hacer callar a la mente que analiza, compara y comenta. En segundo lugar, se nos invita a fijarnos en cada una de las partes del cuerpo para relajarlo, observando las manos, los pies, las piernas, los brazos, el vehículo que, por muy deteriorado que esté, nos conduce al Despertar. Es una oportunidad para dejar de considerarlo como un peso, un ídolo, una carga, un lastre…

A continuación, podremos, sin juicios, sin rechazar ni agarrar, ver el inmenso flujo de pensamientos, sentimientos y emociones que pasan a través de nosotros. Finalmente, en un cuarto paso, tremendamente esencial para ofrecer la propia práctica y extenderla a más de uno mismo, ¡enviemos *metta*, amor, bondad, benevolencia!

Meditar, deshacerse de las emociones negativas, desprenderse de uno mismo, es también, y sobre todo, trabajar por el bien de todos. Sentarse en un cojín, acostarse para recogerse, no es retirarse del mundo, sino entregarse. *Alexandre*

Meditar (¿cómo, por qué y para qué?)

¡Meditar no es dormir ni pensar con los ojos cerrados! Para meditar bien, hay que estar bien despierto. Si no has dormido bien, si has tomado demasiados fármacos psicotrópicos, los ejercicios no funcionan. También hay que tener en cuenta que en la meditación cambiamos el registro psicológico de nuestra vida mental: no renunciamos a pensar, a mostrarnos inteligentes, activos, sino que lo hacemos de otra manera, tomando otro camino. Comenzamos haciendo inventario: observamos nuestros pensamientos, su presencia, su naturaleza, su influencia en nosotros. Es un desvío para regresar mejor a ellos y al camino de nuestras reflexiones, pero con un funcionamiento mental calmado, estabilizado, lleno de paz y recogimiento.

Hay otro desvío, también seguido de un regreso a la meditación: al meditar con plena conciencia, te apartas del mundo por un momento, pero sin abandonarlo, simplemente observando tu experiencia. Me gusta mucho esta frase de Christian Bobin: «Por el momento, estoy contento de escuchar el sonido que hace el mundo cuando no estoy allí». Esta retirada es sólo transitoria y volveremos al mundo, pero sin duda lo abordaremos de una manera diferente, más lúcida, más tranquila, más calmada, más inteligente y también más decidida.

En la medida en que meditar regularmente requiere un esfuerzo, es legítimo responder a esta pregunta: ¿por qué meditar? Algunos maestros lo consiguen con el recuerdo riguroso de un ideal: la meditación, para ser meditación, no debe tener objetivos, no debe estar ligada a expectativas precisas. Uno medita para meditar, ¡punto! Pero la mayoría de nosotros no llegamos a la meditación por simple curiosidad o por búsqueda de exotismo. Llegamos porque lo necesitamos, porque estamos sufriendo, porque estamos enfermos, porque podemos ver lo lejos que están nuestros funcionamientos mental, emocional y de comportamiento de nuestros ideales de conducta.

Lo que la meditación aporta a nuestro esfuerzo por alcanzar la sabiduría es muy importante: en primer lugar, la estabilidad de la atención y las emociones, claves para el discernimiento. A continuación, la ampliación de la conciencia: meditar es abrirse voluntariamente y con calma (no como en la distracción involuntaria) a los demás y al mundo, comprender su importancia, así como las afinidades e interdependencias que nos unen. Es adoptar una visión del mundo que, de alguna manera, es externa a uno mismo, es liberarse de uno mismo, y volverse hacia todo lo demás. *Christophe*

Mente

La mente prefabrica una visión del mundo, la vida, el amor, el yo, la felicidad y la alegría. Tiene una opinión sobre todo. Con su maleta de prejuicios, nos aleja de la experiencia inmediata y real. El ascetismo es quizás identificar lo que pertenece a la esfera del ego: la muerte, las preocupaciones, las inquietudes, el deseo de complacer y la insatisfacción, para redescubrir la bondad primordial de la existencia que, más allá de los miedos y las expectativas, se da sin cesar en la plenitud del instante. ¿Pero cómo calmar a la *bestia*? En medio del caos, tuve que improvisar un ejercicio de emergencia: anotar y calificar mis pensamientos, emociones y miedos del uno al diez. Esta escala sismográfica interna constituye una idea neutra y tranquila, que no me produce ni frío ni calor. Cuando llego a diez, puedo correr al teléfono para evitar cometer lo irreparable... Esta técnica, que es bastante básica, sirve para separarnos un poco de los pensamientos: «Ah, aquí hay un tres», «¡Aquí hay un cuatro!«, «Ah, estoy viendo un seis...». Para nuestra desgracia, creemos firmemente en todo lo que nos viene a la mente: convicciones, caprichos, fobias, fantasías, ilusiones... A veces, desobedecer estas órdenes, arriesgándonos a dejarlas pasar sin actuar, es un recurso muy efectivo. La perversidad de la mente quiere que el verdugo acabe asentándose permanentemente en nosotros. Dueño del lugar, ya no nos abandona y quiere que hagamos todo lo que diga, de ahí la interminable guerra de guerrillas. ***Alexandre***

VER TAMBIÉN RADIO MENTAL FM

Metanoia

La filosofía griega ha forjado un concepto muy bello: la metanoia, el esfuerzo sobre sí mismo, la conversión íntima que busca la transformación radical para abrazar un modo de vida que nos preserve de la tristeza, los instintos, el egoísmo y la prisión de los hábitos. Avanzar, progresar, deshacerse de las cargas, liberarse de uno mismo para los demás y, por lo tanto, para el mundo entero: ese es el gran desafío. *Alexandre*

Metta

Metta en pali, *maîtri* en sánscrito, significa «bondad amorosa»: consiste en desear que todos los seres encuentren la felicidad y sus causas. En cambio, *karuna* significa compasión (la contraparte de *metta*), en otras palabras, el deseo de que todos los seres estén libres del sufrimiento y sus causas. Todos los seres sensibles desean escapar del sufrimiento y avanzar hacia el bienestar. De ahí nuestra humanidad común y nuestro sentimiento común con otras especies animales. La bondad amorosa abraza a todos los seres sin importar su condición y se convierte en compasión tan pronto como se enfrenta al sufrimiento. *Matthieu*

Miedo

El miedo es, probablemente, una de las emociones más inhibidoras de la libertad. Ya se trate de la libertad externa, que a menudo nos impulsa a huir o a refugiarnos en evasivas, o la libertad interior, el miedo contamina nuestros pensamientos, obligándonos a estar alerta, a anticipar todos los posibles peligros, a calcular de antemano lo que sería más seguro para nosotros y para nuestros seres queridos. Nuestro cerebro se transforma en una máquina para vigilar, para evitar, para planificar. Incluso un riesgo imaginario es capaz de invadir y esclavizar nuestra mente. El miedo es la emoción más arcaica. Incluso en los organismos primitivos hay dos movimientos fundamentales, casi reflejos: el acercamiento (búsqueda de recursos y placeres) y la evitación (protección contra el peligro). Así, podemos considerar el miedo como la madre de todas las demás emociones dolorosas: la vergüenza proviene del miedo a la mirada de los demás; la tristeza, del miedo a una carencia duradera; la ira, del miedo al fracaso o a la humillación... Si lo pensamos detenidamente, siempre albergamos uno o más miedos a algo, sea cual sea nuestra edad o el momento de nuestra vida. ¡Así que siempre hay trabajo por hacer! *Christophe*

VER TAMBIÉN ANGUSTIA, ANSIEDAD, NO-MIEDO

mirada de los otros, La

Para encontrar la paz interior, no podemos depender de la opinión de los demás ni de la imagen que tienen de nosotros, con razón o sin ella. Mi segundo maestro, Dilgo Khyentse Rimpoché, solía decir que cada palabra, agradable o desagradable, amigable u hostil, es como un eco. Si gritamos insultos o cumplidos frente a un acantilado, ¿podemos sentirnos heridos o halagados cuando el eco vuelve a nuestros oídos? Algunas personas pronuncian dulces palabras con mala intención, otras, por el contrario, dicen cosas desagradables con una intención benévola. Uno puede recibir elogios por la mañana y ser insultado por la noche. Si te aferras a esas palabras cada vez, estarás constantemente perturbado.

Comparar lo que oímos con el eco no significa caer en la indiferencia ni convertirse en un vegetal. Significa que dejamos de ofrecer nuestro ego como blanco para la adulación o el sarcasmo. El dalái lama dice: «Cuando algunas personas me llaman dios viviente, es absurdo, y cuando otros me llaman lobo o demonio con hábito de monje, sigue siendo absurdo». Esto significa que él no se identifica con un dios viviente, un demonio ni ninguna otra representación del ego. Sabe que en lo profundo de su ser hay una paz interior firmemente establecida en la comprensión de la naturaleza de su mente. Esta paz es insensible a las críticas y a los elogios, que sólo pueden afectar al ego. No se identifica con ese ego.

La verdadera naturaleza de la mente es comparable al cielo, que no se ve afectado si le lanzamos piedras. Esto es, desde luego, más fácil de decir que de hacer, pero una cosa es cierta: cuanto más avancemos en esa dirección, menos vulnerables seremos a las palabras y la mirada de los demás. ***Matthieu***

Modelos

Los modelos son figuras de sabiduría. No necesariamente son maestros que divulgan enseñanzas, sino seres humanos que se salen de lo común en ciertas áreas o en ciertos momentos. Este fenómeno es mucho más común de lo que pensamos. Para nutrirnos de estos ejemplos, de estas enseñanzas encarnadas, es importante dar vida en nosotros a la capacidad de admiración. Porque saber admirar es beneficioso para nosotros. Victor Hugo escribió: «Hay en la admiración un no sé qué fortalecedor que dignifica y aumenta la inteligencia. La admiración del buen comportamiento humano nos ayuda a sentir lo que los investigadores llaman "sentimiento de elevación"». El investigador en psicología Jonathan Haidt ha estudiado este fenómeno en su laboratorio y ha demostrado que, cuando la admiración se relaciona con actos morales (altruismo o ternura) y no con el rendimiento (deportivo, artístico o intelectual), estimula nuestro sistema nervioso parasimpático (que nos relaja y alivia) y provoca la secreción de oxitocina, un neurotransmisor que aumenta nuestra sociabilidad y nuestra capacidad de apego y afecto hacia los demás. La admiración nos inspira, nos hace sentir bien y nos vuelve más sociables. *Christophe*

Modo por defecto

Los neurocientíficos se refieren a la «red cerebral por defecto» como el modo de actividad del cerebro cuando no hacemos nada especial y centramos la atención en un objeto en particular. Psicológicamente, es el estado mental que domina la mayor parte del tiempo cuando no estamos ocupados en una actividad mental o física en particular. Puede ser serenidad, libertad y calma interior, pero también tristeza, aburrimiento o inquietud mental. Este modo por defecto puede ser modificado entrenando la mente, que, pensamiento tras pensamiento, emoción tras emoción, transforma gradualmente nuestros estados de ánimo, nuestro humor y, en última instancia, nuestro temperamento. *Matthieu*

Momento presente

En la meditación, entre el momento en que los pensamientos pasados han cesado y antes de que surjan los siguientes, hay un silencio interior, una ausencia de charla mental, la frescura del momento presente, inalterada por la puesta en escena de nuestros prejuicios y creaciones intelectuales. ***Matthieu***

VER TAMBIÉN MEDITAR, PRESENTE

Mono

Los budistas comparan la mente con un pequeño mono hiperexcitado que salta de rama en rama sin parar. La práctica meditativa es, simplemente, sin querer cambiar nada, verle hacer el tonto tranquilamente. ***Alexandre***

Moral

«¿Qué tengo que hacer?» (cuestión moral), «¿cómo vivo?» (pregunta ética). Ambas cuestiones pueden abrir un camino hacia la liberación. San Agustín, en su famosa fórmula *Dilige et quod vis fac* (Ama y haz lo que quieras), muestra la centralidad del amor, de la caridad. A sus ojos, si permanecemos enraizados en el amor, sólo podemos avanzar hacia el bien. En una famosa carta, señala el camino: «Si guardas silencio, hazlo por amor; si gritas, hazlo por amor; si corriges, corrige por amor; si perdonas, perdona por amor; si la raíz es el amor profundo, de tal raíz no se pueden conseguir sino cosas buenas». Estamos avisados. Ya no necesitamos ningún corsé moral, reglas de vida ni manuales de instrucciones.

El problema es que aún no somos santos, que muchas motivaciones pueden confundirnos y hacer que volvamos a caer en el tema de la acrasia. Aunque tengamos la mejor intención del mundo, ¿cómo podemos despojarnos de toda la voluntad de poder, toda la ira, todas las mentiras, todo el egoísmo? La lucha parece dura. Una vez más, por un lado, está la mejor parte de uno mismo que ve lo bueno, lo aprueba, lo anhela y, por otro, la pequeñez de la vida cotidiana, los errores, los deslices. De ahí quizás el interés por una ética, un código moral, una brújula para avanzar, para progresar, porque, como bien lo vio Aristóteles, es forjando como uno se convierte en herrero, es practicando la templanza, el coraje, la justicia y la moderación como uno adquiere estas virtudes.

¿Por qué actuamos moralmente? Calicles, Nietzsche, Freud y muchos otros rastrearon las verdaderas motivaciones que nos llevan a actuar bien. ¿Somos virtuosos, obedientes y «como hay que ser» por miedo al rechazo, por conformismo, impulsados por el deseo de complacer, o estamos, como Agustín nos pedía de todo corazón, verdaderamente habitados por una caridad sin límites que nos conduce a la bondad de forma natural? Están en juego la ética y la moral, ciertamente un inmenso desafío que limpia todo barniz y hace que nazcan una libertad y un amor que se entregan plenamente, crudamente, sin maquillaje ni alboroto. *Alexandre*

VER TAMBIÉN ÉTICA

Motivación

¿De dónde sacamos nuestra motivación? ¿Qué nos impulsa a dar el salto? ¿Es un saludable, profundo y vívido anhelo de abrazar la sabiduría? ¿Aún perduran en nosotros el atractivo de la zanahoria y el miedo al palo? Preguntarnos sobre los resortes que nos llevan a crecer es, sin duda, cuidar nuestra montura y considerar el camino en toda su extensión. Sartre denuncia la mala fe y todos esos roles que estamos llamados a desempeñar y que quizá nos impelen a *la deriva espiritual* como hacemos el bien, para complacer, no decepcionar, con el fin de compensar... El principio zen «sin propósito ni espíritu de lucro» es verdaderamente una brújula para abandonar todo afán por la ganancia, todo deseo de ser excepcional y de compensar. *Alexandre*

Muerte

Durante mucho tiempo, la muerte me aterrorizó. Bastaba con que me cruzara con un coche fúnebre para que me hundiera en un malestar increíble. Pero la vida me resarció dándome como amigo a un sepulturero. Le escuchaba hablar sobre su trabajo durante horas. Poco a poco, casi a mi pesar, empezamos a tener una relación de gran confianza. Más tarde me atreví a visitarle en su trabajo. Su amabilidad y su fe en la vida me ayudaron a librarme de muchos tormentos. Lo vi en la cámara frigorífica, cuidando de hombres y mujeres, padres y madres, con infinita ternura. Al principio, me sorprendió que no usara guantes cuando se ocupaba de los cadáveres. Sus palabras me transformaron: «Hace apenas una hora, esta señora estaba en los brazos de su marido, ¿por qué debería ponerme yo guantes para tocarla?». Allí donde yo menos lo esperaba, Joachim me reveló la bondad de la vida. De repente, me fijé en aquella boca desdentada pensando en las tiernas palabras que habría pronunciado. En medio de los ataúdes, me di cuenta de que el cuerpo es un milagro. Salí de la morgue con una esperanza inesperada en mi corazón. Finalmente me di cuenta de que el cuerpo no es una carga, sino el instrumento del Despertar, y que a partir de aquel momento me dedicaría a celebrar la vida que hay en él.

Se impone siempre el mismo llamamiento: no hay tiempo que perder, hay que practicar. Joachim me contó la historia de una camarera que sufrió una crisis cardíaca mientras llevaba una comida a un cliente. La precariedad de la existencia nunca deja de sorprenderme. Me asusta y me asombra a la vez. Me imagino a aquella joven levantándose por la mañana y yendo a trabajar. Sin duda, aquella mujer no pensó en ningún momento que moriría ese día. La vida es frágil. Cada momento es un regalo que debemos apreciar en su totalidad. ¡Démonos prisa en transformarnos y volvernos más generosos!

En *Fedón*,[23] Platón dice que filosofar es practicar la muerte (*meletê thanatou*, como dice en buen griego). A sus ojos, el aprendiz debe alejarse del cuerpo y las pasiones, liberarse y deshacer los nudos que lo atan a la esclavitud, que lo mantienen cautivo. De ahí a ver el cuerpo como una carga, una cadena o un estorbo, sólo hay un paso… Además, en griego, la palabra *sôma* (cuerpo) se parece maliciosamente a *sêma* (tumba). No hay nada malo en meditar sobre nuestra finitud, sobre la impermanencia, al contrario. Morir en sí mismo y experimentar los continuos cambios de nuestra existencia es abrirse a la eterna innovación que se da en el aquí y ahora. Pero la mente se resiste con uñas y dientes, porque ella quiere

23. Tecnos, Madrid, 2002.

poner sus manos en algo sólido. Busca seguridad y fijeza cuando todo es transitorio y todo pasa. De ahí tantos sufrimientos, la alarma permanente, esa incesante insatisfacción. *Alexandre*

Mujer sabia

Así que, para cambiar el mundo y hacerlo más inteligente, miremos bien: ¡dejemos de buscar la sabiduría sólo en viejos caballeros barbudos, por muy tranquilos y amables que sean! ¿Tiene algún sentido incluir en este *Abecedario* la entrada «Mujer sabia»? ¿No es problemático en sí mismo este sencillo enfoque? Después de todo, no hay ninguna entrada de «Hombre sabio». Sin embargo, mientras trabajaba en este libro, me di cuenta de que la mayoría de las mujeres sabias, que obviamente han existido, han sido borradas de la historia escrita por los hombres. Por una Diotima de Mantinea o una Simone Weil, que aún son recordadas, ¿cuántas mujeres olvidadas han sido maestras de sabiduría y humanidad? Las únicas que se recuerdan están a menudo confinadas al campo religioso que les fue atribuido y que estaba dispuesto a acogerlas: Hildegarda de Bingen, Teresa de Ávila, Teresa de Lisieux, Edith Stein. Corresponde a nuestra época reparar la invisibilidad (y a veces la demonización) de la que fueron víctimas tantas figuras femeninas de la sabiduría, así como las mujeres científicas y artistas: oráculos y sibilas cuyo discurso inspiró a las más grandes figuras de su tiempo, brujas con conocimientos médicos perseguidas por amenazar el poder masculino. La única sabiduría concedida a las mujeres es, a través de la figura de la comadrona, la capacidad de atender el parto: maternidad y cuidados, una y otra vez… Así que, para cambiar el mundo y hacerlo más inteligente, adoptemos una perspectiva justa. *Christophe*

Narcisismo

El narcisismo se describe en psicología como una tendencia a la grandiosidad, una necesidad de admiración y una falta de empatía. Los narcisistas son admiradores incondicionales de sí mismos (lo único que les interesa) y buscan incansablemente reforzar la imagen favorecedora que poseen de ellos mismos. Tienen poca consideración por los demás, pues sólo son instrumentos para mejorar su imagen. Durante mucho tiempo se pensó que, en el fondo, los narcisistas no se gustan y se sobrevaloran para compensar su sensación de inseguridad. Las investigaciones han demostrado que, en realidad, las personas narcisistas sufren de un sentimiento de superioridad. Cuando finalmente el narcisista se enfrenta a la realidad, suele enfadarse, ya sea con los demás o consigo mismo. Los estudios han demostrado que los que se sobreestiman a sí mismos presentan una tendencia a la agresión por encima de la media.

La psicóloga Jean Twenge ha revelado que Norteamérica sufre una verdadera epidemia de narcisismo desde hace veinte años. En treinta años, el número de adolescentes que están de acuerdo con la afirmación «soy una persona importante» ha aumentado del 12 % al 80 %. Hoy en día, también en Estados Unidos, uno de cada cuatro estudiantes universitarios puede ser calificado como narcisista. Los investigadores creen que una de las razones de este egoísmo es el uso de las redes sociales, que se dedican en gran medida a la autopromoción. *Matthieu*

VER TAMBIÉN EGO

Naturaleza

Los lugares naturales nos atraen y son propicios para una buena salud física y mental.

Recuerdo que una vez asistí a la ceremonia de cremación de un amigo. Estábamos todos sentados en una gran sala sin símbolos religiosos, sencilla y sobria, pero desprovista de encanto. De repente, la pared trasera, frente a la cual estábamos sentados, se levantó y desapareció lentamente para dar paso a un gran ventanal que se abría a un pequeño jardín y a un lago, con vistas a un vasto cielo azul. Todavía puedo recordar el sentimiento de paz y calma que noté en lo profundo de mi ser cuando aparecieron estos elementos naturales. Fue como un alivio de mi dolor, frente a la Naturaleza. Recuerdo que pensé: «Todo esto estaba allí antes que nosotros y estará allí después de nosotros. Es simplemente el orden de las cosas: nacer, vivir y morir». Sentí que en ese momento necesitaba aquel mensaje ofrecido por el vínculo con la naturaleza; un simple entorno arquitectónico, por muy logrado o armonioso que fuera, nunca habría tenido ese efecto en mí.

Muchos entornos urbanos o periurbanos, por desgracia, nos agreden y nos derrotan. Como resultado, nos replegamos en nosotros mismos (muchos habitantes de las ciudades se refugian en sus auriculares o frente a sus pantallas) y nos estresamos, obligados a vivir vigilantes, al acecho (debemos tener cuidado de no ser empujados en las aceras, o atropellados al cruzar la calzada). Toda la energía que gastamos en tales ambientes es egocéntrica, enfocada en el retiro y la protección, no en la apertura y el descubrimiento. Estamos a la defensiva, perdiendo la ligereza, la libertad y el bienestar que proporcionan los entornos bellos, seguros y nutritivos. Por suerte, los arquitectos contemporáneos están repensando radicalmente cómo deberían ser las ciudades del mañana: ¡la naturaleza tendrá un gran lugar en ellas! ***Christophe***

Naturaleza de Buda

Según el budismo, cada ser, aunque haya llevado a cabo muchas cosas horribles, tiene siempre en lo más profundo de su ser, siempre ha estado en lo profundo de su ser, en la naturaleza fundamental de su conciencia, cualidad fundamental de su conciencia, una cualidad inalterable llamada «naturaleza de Buda» o «naturaleza de la mente». Esta naturaleza está libre no sólo del odio, el deseo y otros estados mentales negativos, sino sobre todo de cualquier forma de distorsión de la realidad. Es como el oro, que el lodo puede cubrir completamente sin contaminarlo nunca, totalmente puro e inalterable. La ignorancia puede cubrirla temporalmente, pero no puede distorsionarla, como el cielo y el sol que las nubes pueden ocultar pero que permanecen inalterados. *Matthieu*

Necesidad

Un día, en mi ermita, me dije: «Si un hada me concediera tres deseos materiales, ¿qué podría pedirle?». Dado el tamaño de mi ermita, las posibilidades eran limitadas: no había forma de instalar un sistema de alta fidelidad, ni siquiera un ordenador de pantalla grande. Tenía un altar con algunas estatuas, unos veinte libros, alguna ropa y objetos útiles. Después de un rato, me dio un ataque de risa, porque no encontraba nada que desear que no fuera una fuente de desorden más que una ventaja. De ahí el famoso mantra, que da un inmenso alivio cuando se recita unas diez veces: «¡No necesito nada! ¡Viva la feliz simplicidad!». *Matthieu*

VER TAMBIÉN DESPRENDIMIENTO

Nietzsche, Friedrich

Detrás de unos gruesos bigotes se esconde un maestro temible que nos enseña a decir sí a la existencia, a abandonar el resentimiento y a acechar las mentiras. Friedrich Nietzsche, un hombre de complexión frágil, nos conduce de la mano hacia la buena salud. Nacido en Röcken en 1844, el profeta del Eterno Retorno no se va por las ramas: «La sorpresa es necesaria. Me he liberado de toda precaución cuando se trata de lo esencial», escribió en una carta a Paul Deussen. Él, que filosofa a golpe de martillazo, es como dinamita.

Para crear un vademécum, una especie de farmacopea inspiradora, el padre de *Zaratustra* es ciertamente una mina de oro. Trabaja para abrir un consentimiento pleno y completo de la realidad. A su lado, podemos encontrar la fuerza de un claro y franco *amor fati.*

Estas dos palabras latinas, preciosas en su significado, designan el amor al destino, a la realidad, a lo predestinado. Se trata de un sí que se une a la existencia tal como se da, de un consentimiento a lo que es sin escabullirse en mundos lejanos. Leer a Nietzsche es ir a la escuela de la libertad, encontrar el coraje para desenmascarar el más mínimo engaño, revisar lo que nos empuja hacia los demás. ¿Qué nos impulsa a buscar compañía? ¿Un instinto gregario? ¿Miedo a la soledad? ¿Conformismo? El filósofo alemán habla del «*pathos* de la distancia». Lejos de una fría indiferencia, estamos llamados a dar un salto alegre a la escultura de la singularidad, con una generosidad sin segundas intenciones, respetando al otro en su diferencia sin encerrarlo en nuestras categorías.

Descubrirlo es alimentar un feliz conocimiento. Este trágico mundo, con sus enfermedades, muerte e injusticias, exige no sólo una aceptación total, sino también un amor incondicional. Este brillante psicólogo nos invita a salir de caminos trillados, más allá del bien y del mal. Él sondea nuestros deseos, pulveriza cada rastro de la conciencia del mal para conducirnos a mar abierto, porque «el hombre es algo que debe ser superado»...

Nietzsche, que morirá en soledad después de once años de hundimiento mental, nos lanza una vibrante llamada. Nos ordena que nos convirtamos en lo que somos.

Me gusta mucho Nietzsche. Él nos reconcilia con los altibajos, la montaña rusa de la vida cotidiana: «Es preciso tener todavía caos dentro de sí para poder dar luz a una estrella danzarina».

Hasta en sus excesos, calma. Encuentro en él una luz nocturna que nos exhorta a salir de los estrechos confines de la individualidad. «En realidad no hay verdades *individuales*, sino sólo *errores* individuales… ¡El *individuo* mismo es un *error*! […] Somos como los brotes de un árbol… ¿Qué sabemos sobre lo que podemos llegar a ser en el interés del árbol? Pero tenemos una conciencia, como si quisiéramos y necesitáramos ser el *todo*, un fantasma del «yo» y de todo «no yo». ¡Tenemos *que dejar de sentirnos como un «ego» fantasmagórico*! Aprender paso a paso a rechazar a ese supuesto individuo. ¡Descubrir los errores del ego! ¡Darnos cuenta de que *el egoísmo* es un error! Y, sobre todo, ¡no ver el altruismo como su opuesto! ¡Eso sería ama a *otros supuestos* individuos! ¡No! ¡Ir más allá de «yo» y del «tú»! ¡Para sentir de una manera cósmica!», dice en *Fragmentos póstumos.*[24] ***Alexandre***

VER TAMBIÉN CAOS, BUENA SALUD, PREJUICIOS, SABIOS Y MAESTROS DE LA HUMANIDAD, SEXUALIDAD

24. Tecnos, Madrid, 2008.

No-apego

No apegarse no significa amar menos a los demás. Por el contrario, los amamos más, como el sol que brilla plenamente sobre todos los seres en lugar de conceder sólo unos rayos a unos pocos elegidos. Es más, nos preocupa menos la necesidad de recibir su amor que el amor que les damos. Los amamos como seres sensibles que aspiran al bienestar y temen el sufrimiento, y no a través del prisma distorsionador de nuestro ego. En lugar de esperar ansiosamente una gratificación, simplemente nos alegramos de que nuestro amor despierte el amor recíproco. Prefiero hablar de «no-apego», que evoca la idea de no «pegarse» a las cosas, en lugar de «desapego», que hace pensar en un desarraigo doloroso. El no-apego consiste en apreciar plenamente a los seres y las situaciones, pero sin querer monopolizarlos, sin untarlos con el pegamento de nuestro deseo posesivo.

El no-apego también significa no colocar todos nuestros miedos y esperanzas en condiciones externas. En el budismo tibetano, hablamos de «sabor universal». Esto no significa que ya no distingamos entre la mostaza y las fresas, y que todo se vuelva insípido, sino que somos capaces de preservar nuestra paz interior en todas las circunstancias, haga frío o calor, estemos cómodos o no, nos digan cosas agradables o desagradables. Una vez que hemos encontrado esta paz interior, somos como un barco con la quilla bien plomada: aunque una ráfaga de viento nos haga escorar, no zozobramos y nos enderezamos rápidamente. *Matthieu*

No-fijación

La no-fijación es una gran «herramienta» que nos permite alejarnos de la aprensión y el rechazo y empezar a dar la bienvenida a cualquier cosa que venga. Cuando me reduzco a una representación, a una imagen que forjo de mí mismo, sufro. Para tratar de detener este mecanismo insano, uno nunca debe identificarse con nada. En medio de las burlas, cada vez que me las tomaba demasiado en serio, mil veces al día, volvía a practicar este ejercicio que nos limpia y nos despoja de los roles, las heridas y las expectativas. La no-fijación nos permite atravesar tempestades sin hacernos daño. No tiene importancia que me visiten la ira, el miedo o la tristeza. Siempre y cuando nunca se instalen en el corazón. Así que, mil veces al día, dejemos que las cosas pasen. *Alexandre*

No juzgar

Podemos juzgar al prójimo de dos maneras: absoluta o relativa. Juzgar de manera absoluta significa, por ejemplo, decidir que alguien es totalmente malo, que no tiene ni una pizca de bondad, que nunca dejará de quejarse porque es así y no hay razón para que cambie. Este tipo de juicio, que asume que los rasgos de carácter están irremediablemente esculpidos en piedra, se contradice con la experiencia de la meditación, los descubrimientos de los últimos veinte años en el campo de la plasticidad cerebral (nuestro cerebro cambia al exponerse a nuevas situaciones o al someterse a un entrenamiento físico o mental) y la epigenética (incluso nuestros genes pueden ser modificados). Estos estudios han demostrado que es posible cambiar la forma en que manejamos nuestros pensamientos, emociones, estados de ánimo y, en última instancia, nuestros rasgos de carácter.

El juicio relativo se aplica sólo a la situación actual y coyuntural de la persona que está siendo juzgada. Aunque alguien muestre rasgos de carácter y comportamientos desagradables, se tiene en cuenta el papel que pueden desempeñar su desarrollo personal y su entorno. No juzgamos a la persona en sí misma, sino su estado mental actual y los factores que han influido en su conducta. Si alguien te golpea con un palo, no te enfadas con el palo, sabes que en su extremo hay un individuo. Continuemos con el razonamiento: este individuo está impulsado por el odio, que a su vez está causado por la ignorancia. No evadimos el problema que plantea el comportamiento de esa persona, pero dejamos la puerta abierta a la compasión por alguien que es víctima del odio y la ignorancia, siendo conscientes de que puede cambiar. *Matthieu*

No-miedo

Todo ser humano hereda un equipaje, una especie de *software* interno que repite una y otra vez la misma cantinela. Cada individuo está sumergido en un mar más o menos fértil en el que crecer. El trabajo humano consiste en atreverse a desaprender para inaugurar otra forma de vida, más sencilla, más ligera, más libre. Aristóteles tiene razón, sólo forjando uno se convierte en herrero; sólo llevando a cabo actos virtuosos creamos en nosotros el hábito de la bondad, una profunda inclinación hacia la libertad. Tenemos que salir del mar y sumergirnos en la confianza...

«Recelo»... Los miedos y la fragilidad a menudo se esconden donde menos te lo esperas. Durante mucho tiempo, temí que mis hijos se sintieran excluidos en la escuela... Más que nada, temía que les acusaran de errores que no habían cometido. Peor aún, después de ver un programa dedicado a las personas con síndrome de Tourette, confieso que temí proferir palabras que pudieran perjudicar a mis seres queridos en el metro, en el interior de un supermercado, en una librería abarrotada. Me vi obligado a morderme la lengua para no gritar, por ejemplo, que mi esposa había atracado un banco, que mi hija había abofeteado a un profesor o que mi hijo había golpeado a uno de sus compañeros. Mi loca imaginación fabricaba los más extraños escenarios. Todo alimentaba al monstruo de la angustia. Si mis hijos llegaban tarde a la escuela me imaginaba que eran expulsados en el acto. Una clase paralela había tenido las mismas preguntas en un examen y los pensamientos se me iban de las manos. Serían acusados de copiar, expulsados, excluidos de la sociedad…

«Reacio»… Tenía doce años. Mis padres hicieron grandes esfuerzos para que yo entrara en la escuela de mi pueblo. Vino un inspector. Me examinó. Unos meses después, una carta anunciaba el veredicto: el profesorado era reacio a integrar a un alumno así… Aquel día tuve que consultar el diccionario para entender que no se me permitía ir a la escuela oficial. «Reacio.» ¡Qué difícil es no caer en la realidad de los viejos traumas, dejar de leer el mundo a través de tenaces criterios de interpretación! La capacidad de la mente para torturarse es extraordinaria… Reproduce *ad vitam aeternam* los ciclos infernales del sufrimiento. El ego se encarga de todo. Crea un escenario insoportable hecho de proyecciones, de imaginaciones incontrolables. Avanzar hacia el no-miedo es creer y experimentar que la conciencia que alberga estos escenarios catastróficos también puede acoger y hacer que germinen semillas sagradas de confianza.

Frente a mi miedo, también comprendí la experiencia de pensamiento de León Tolstói. El brillante escritor ruso nos ofrece un ejemplo emblemático. Todo lo que tienes que hacer es tratar de no pensar en un oso polar para obsesionarte inmediatamente con la imagen del mamífero de color nieve. Avanzar hacia el no-miedo significa fijarse en el mecanismo de nuestros temores más que en su contenido, acogerlos en lugar de luchar contra ellos. Los temas varían, pero la inseguridad fundamental permanece. ¿Qué traumas, qué expectativas, qué ilusiones se esconden detrás de mi pánico? ¿Por qué tenía tanto miedo de que alguien me acusara de actos que ni yo ni mis hijos habíamos cometido?

En *El malestar en la cultura*,[25] Freud argumenta que vivir en sociedad requiere un sacrificio pulsional. Tengo que reprimir mi violencia, tengo que controlarme constantemente... Tengo que corregirme, adaptarme a las expectativas del otro... Tengo que, tengo que, tengo

25. Alianza Editorial, Madrid, 2010.

que… A sólo un paso de volverme loco… ¿Por qué me condiciona el «qué dirán»? ¿Qué forma adoptará el otro? ¿Será un juez, una especie de fiscal de distrito? Superar los propios miedos, domesticarlos, vivir con ellos, es contemplar todo ese torrente que pasa a través de nosotros sin ninguna vergüenza. Podemos apostar que, en el camino de la autoaceptación, nuestros amigos en el bien, y también aquellos con los que nos cruzamos cada día, lejos de ser obstáculos, censores, pueden convertirse en compañeros de viaje. ***Alexandre***

VER TAMBIÉN ANGUSTIA, MIEDO

No-violencia

Asociamos la no-violencia con la debilidad. En realidad, se necesita mucho valor para enfrentarse sin armas a un batallón de soldados listos para disparar. Satyagraha, el movimiento de no-violencia promovido por Gandhi, significa «la fuerza de la verdad». Durante la marcha de la sal, en 1930, Gandhi comenzó a desafiar a las autoridades británicas: partiendo de su *ashram* con unas pocas docenas de discípulos, Gandhi caminó cuatrocientos kilómetros hasta la costa del océano Índico. A lo largo del camino, muchos simpatizantes se le unieron. El ejército británico trató de impedir su avance. Fueron golpeados, pero en ningún momento respondieron con violencia, y siguieron avanzando a pesar de la presión. Finalmente, la policía los dejó pasar, y una multitud de varios miles de personas llegaron a la costa.

Allí, Gandhi tomó un poco de sal en sus manos, violando el monopolio estatal, que obliga a todos los indios, incluso a los más pobres, a pagar un impuesto sobre la sal y les prohíbe cosecharla. La multitud siguió su ejemplo y recogió agua salada. Cuando se dio la noticia, gentes de todo el país evaporaron agua y recogieron sal a la vista de los británicos. Decenas de miles de personas fueron encerradas en prisión, incluyendo a Gandhi. Pero, finalmente, el virrey británico cedió a su determinación. Liberó a todos los prisioneros y concedió a los indios el derecho de recolectar sal. Esta marcha fue un punto de inflexión en la lenta y no violenta lucha por la independencia de la India.

Desde hace cuarenta años, el dalái lama insiste en que no hay que recurrir a la violencia contra los chinos: «Siempre seremos vecinos —dice—, debemos encontrar una solución mutuamente aceptable a través del diálogo». Hay quien dice: «El dalái lama es simpático, pero así no va a resolver el problema del Tíbet». ¿Deberían los tibetanos recurrir a los atentados terroristas? ¿Derribar aviones? ¿Cometer asesinatos que provocarían una represión aún más terrible de los chinos, una persecución más despiadada y, por lo tanto, una animosidad aún más difícil de solucionar? Si la comunidad internacional hiciera todo lo posible por conseguir que la actitud del dalái lama tenga éxito, podría servir de ejemplo en el interminable conflicto entre Israel y Palestina, por citar sólo uno. Pero las iniciativas internacionales suelen movilizarse cuando los pueblos se matan unos a otros. ***Matthieu***

VER TAMBIÉN AGRESIÓN, ODIO, VIOLENCIA

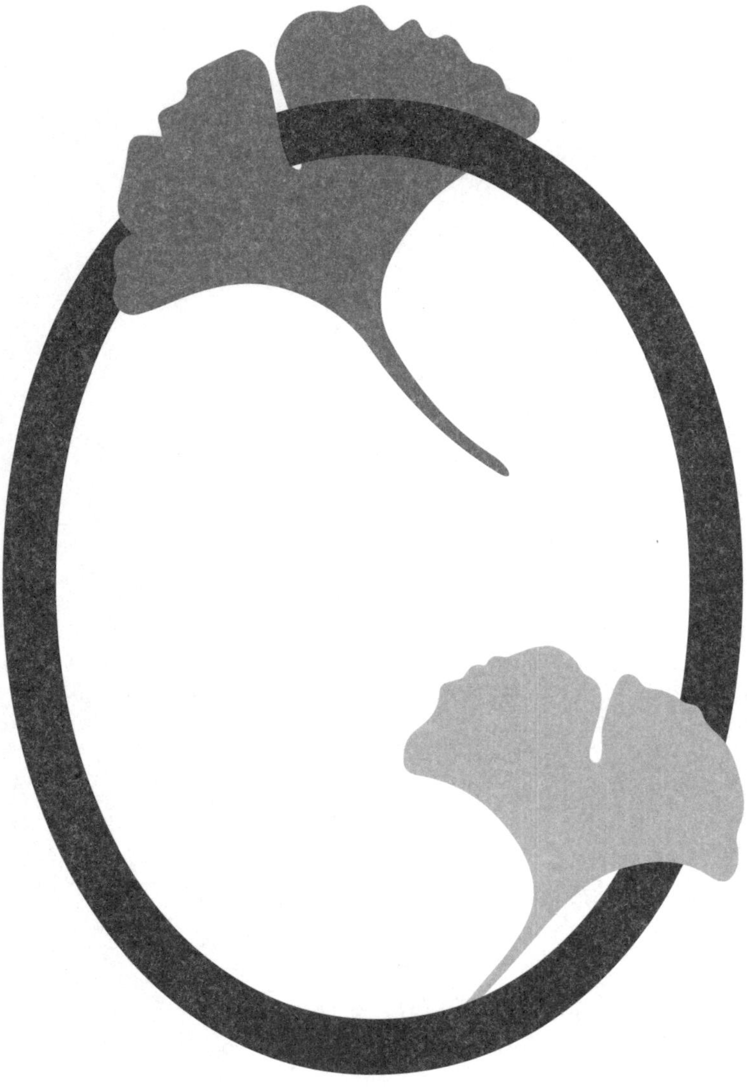

Odio

Cuando el odio inflama la mente, la compasión consiste en adoptar frente a él la actitud que tiene un médico hacia un loco de atar. Lo primero que hay que hacer es evitar que haga daño. Pero, al igual que un médico que se enfrenta a un loco peligroso no lo noqueará con un garrote, hay que considerar todas las formas posibles de resolver el problema sin caer uno mismo en la violencia y el odio. Si el odio responde al odio, el problema nunca terminará. *Matthieu*

Optimismo

El optimismo no es una actitud expectante. Es una actitud activa: esperar lo mejor, pero también comprometerse a hacerlo realidad. Yo creo que la sabiduría debe conducirnos al optimismo. Nos ayuda a identificar los obstáculos, las dificultades y todo lo que ven los pesimistas. Pero también nos permite, a través de la constante apertura de la mente, que es su sello distintivo, ver los recursos, soluciones y posibilidades que pueden ayudarnos en esos momentos. Cuando me resulta difícil mantener vivo mi optimismo, me gusta pensar en las palabras del escritor Primo Levi, un sabio sin odio, superviviente de los campos nazis: «No sé justificar esta confianza en el futuro del hombre que habita en mí. Puede que no sea racional. Pero la desesperación, por otro lado, es irracional: no resuelve ningún problema, sino que crea otros nuevos, y es sufrimiento por naturaleza». Si te resulta difícil ser optimista, al menos tómate la molestia de no ser pesimista. *Christophe*

VER TAMBIÉN FELICIDAD, PLASTICIDAD CEREBRAL

Ortopedia mental

Hay un peligro que acecha a quien se precipita hacia la sabiduría y la libertad: transformar el camino en un correccional, en ortopedia mental. Sin embargo, es la aceptación incondicional de nuestras heridas la que nos lleva de la mano al desapego. Para subir una escalera, hay que ver los escalones, recuperar el aliento, apoyarse en la realidad. Cada persona que progresa avanza con sus recursos, sus fragilidades, el equipaje y las provisiones necesarios para el camino. *Alexandre*

VER TAMBIÉN ESFUERZO, ESFUERZO GOZOSO

Paciencia

Para no identificarnos totalmente con nuestros estados mentales, con las preocupaciones cotidianas, quizá sea bueno deshacerse de la voraz voluntad de resolver los problemas en el acto. A veces, cuando me siento agobiado por múltiples tareas, me convenzo de que, para ir más rápido, necesito ir más despacio. Si no dejas de estar nervioso, corres el riesgo de saltarte etapas y cometer errores. ¿Por qué no practicar la no-precipitación? Y si me acuesto por la noche sin haber resuelto todos los problemas, ¿es necesariamente un desastre?

Paradójicamente, para aprender a tener paciencia es necesario actuar, salir de la mente y romper la inacción. No hace mucho tiempo, estaba esperando las noticias de un médico y el teléfono tardaba en sonar. El pánico era abrumador. Entonces recordé la enseñanza zen que nos invita a entregar el cuerpo y el alma a la acción. Fui a buscar una escoba y limpié mi habitación. Luego medité, dedicando mi práctica a todos los que sufren en el mundo. ***Alexandre***

VER TAMBIÉN IMPACIENCIA

Palabras

Las palabras matan y curan. Recuerdo que una vez regañé a mi hijo Augustin por algo trivial relacionado con las tareas escolares. Sus palabras fueron edificantes: «Papá, cuando me has gritado, me he imaginado que tus palabras eran caricias». Desde entonces, ante la burla, la crítica o las malas noticias, trato de considerar las palabras que me duelen como meros sonidos, inofensivos en sí mismos. ¿Por qué darles tanta fuerza? ¿Qué sentido tiene darles el poder de destruir la alegría? Dejar pasar esos sonidos, ese viento, es el desafío. ***Alexandre***

Paz interior

Hace unos años, estando de vacaciones en Cornualles, estaba paseando solo por un sendero costero cuando encontré un pequeño banco en la cima de una colina frente al mar. El sol se estaba poniendo, el lugar era muy hermoso. En el banco, una pequeña placa con la inscripción R.I.P. (*descanse en paz*) mencionaba a un lugareño, cuyo nombre he olvidado, a quien le gustaba ir a sentarse allí todos los días, cosa que hizo hasta el final de su vida. Me senté allí, como él, y me sentí increíblemente bien. Como si hubiera conectado directamente con una enorme reserva de paz interior. Con la extraña sensación de que, por supuesto, el entorno era favorable, pero que su papel había sido el de despertar en mí una capacidad para sentir paz que venía de dentro. Me tomé el tiempo de observar lo que me estaba sucediendo: aquel sentimiento de paz iba acompañado de cambios en todos los ámbitos, me sentí en paz, pero también lleno de bondad, serenidad, recogimiento y lucidez sobre lo que realmente importa en la vida y aquello que sólo es espuma. Tuve una gran sensación de ligereza y libertad enraizadas en la realidad de la vida y la muerte. Y no ilusorias, como las que pueden causar la euforia y la excitación. En aquel estado de paz interior, no me sentí aislado del mundo o de la humanidad, sino mejor conectado a ellos. Pensé en el caballero cuyo nombre estaba grabado en el banco, le di las gracias y le dediqué aquel momento. La paz, por supuesto, es la ausencia de guerra, pero también de conflicto y tensión. La guerra implica la movilización de todas las fuerzas (de un país, de una persona) contra uno o más adversarios. Ciertamente, algunas luchas son necesarias en nuestras vidas, ¿pero estar en guerra permanentemente? Estar comprometido con la paz interior no significa renunciar a los conflictos, sino esforzarse por no vivir en un estado de lucha permanente, de espaldas a la realidad. Significa saber cuándo entrar en guerra y cuándo buscar la paz, aunque sea imperfecta. Significa esforzarse por usar la fuerza y la firmeza sin ira ni indiscriminadamente. ¡Es un gran plan!

Pero, quizás, ¿deberíamos centrarnos más en el proceso de pacificación interna que en el estado de paz en sí mismo, que es necesariamente inestable y transitorio? Hay que realizar regularmente un trabajo de pacificación de nuestras emociones tóxicas, de esa ira o ese resentimiento extras que ya no nos empujan a actuar, sino a agredir. *Christophe*

CONSEJOS DE CHRISTOPHE
PARA TRABAJAR LA PAZ INTERIOR

- «Que la fuerza te acompañe» es la famosa fórmula que se repite muchas veces en la película *La guerra de las galaxias*. Podríamos añadir: «Que la paz esté dentro de ti», ¡porque entonces usarás mucho mejor tu fuerza!
- La paz interior no engendra pasividad, sino un compromiso tranquilo. No conduce a la monotonía, pero sí a una mirada atenta y sensible a los matices, invisible para los inquietos.
- La paz interior aumenta nuestra libertad interior porque nos hace menos dependientes de los estimulantes

y excitantes de la sociedad de consumo (publicidad, redes sociales, entretenimiento fácil y gratificante...).

⁂ Pero no se trata de censurarnos o esterilizarnos ante cualquier forma de locura, de desliz, de exceso o de impulsividad. Todo puede pasar y, por eso mismo, estos deslices pueden ser agradables en un momento determinado (beber demasiado alcohol, gastar demasiado, criticar...). Pero el arte y el hábito de trabajar la paz interior nos llevará más rápidamente de vuelta al camino de nuestras verdaderas elecciones y valores existenciales. Sólo habremos derrapado, pero no nos habremos salido de la carretera ni habremos tenido un accidente grave...

Peluche

Meditar es descubrir el conjunto de proyecciones, acusaciones y resentimientos que parasitan el vínculo con el otro. En este sentido, se podría decir que el entrenamiento de la mente suaviza las relaciones humanas y arranca una a una las espinas que se interponen entre los individuos. Adentrarse en uno mismo significa atreverse a ir desnudo, deshacerse de la armadura, tirar cualquier traje y entregarse sin demora. También significa descubrir que no hay un territorio propio, ni un pedazo de mí que pueda preservar. ¿Por qué demonios asociamos la compasión con un peluche cuando esta fuerza proviene de la hiperlucidez, el hiperrealismo? Pertenecemos a la gran familia humana. Somos libres de romper las rígidas paredes entre el exterior y el interior, el yo y el tú. *Alexandre*

Perdón

¿Qué significa perdonar? Si me han herido, si me han agredido, si me han hecho daño, ¿qué implica el perdón? A menudo hay confusión al respecto: cuando hablamos de perdón en psicoterapia, lo primero que le viene a la cabeza a la mayoría de la gente es «absolución» y, en cierto modo, «sumisión». Los estudios sobre la terapia del perdón muestran que, en primer lugar, el perdón sólo tiene sentido si está libre de toda forma de coacción: debe ser una decisión libre por parte de la persona herida. En segundo lugar, el perdón es un acto íntimo, completamente disociado del proceso legal. Si un terapeuta quiere que alguien se mueva hacia el perdón le explicará que perdonar no es una reconciliación pública frente a todos: se trata del perdón en sí mismo. No tiene nada que ver con olvidar o negar el mal. Es la decisión íntima y personal de liberarse de este sufrimiento. Perdonar es un acto de liberación, que permite evitar el resentimiento, el deseo de que el otro sufra tanto como uno ha sufrido. *Christophe*

CONSEJO DE CHRISTOPHE
PARA PRACTICAR EL PERDÓN

- Pedir perdón es una forma de reparar la culpa. Y es mucho más complicado de lo que parece. Hay muchas situaciones en las que somos reacios a hacerlo porque, aunque sabemos que hemos herido a otra persona, sentimos que esa persona es corresponsable.
- Pedir perdón no significa que uno sea el único culpable, ni que uno sea inferior al otro, es sólo el reconocimiento del daño que hemos causado, el deseo de que el otro acepte el perdón que ofrecemos.
- En cuanto al «don» del perdón, tratamos de animar a nuestros pacientes a que practiquen la terapia con «microperdones»: a nuestro cónyuge, a nuestros seres queridos. Son los cuestionamientos los que nos enseñan a desengancharnos del «¿quién tiene la razón, quién está equivocado?». Si, incluso teniendo razón, he hecho daño al otro, si estoy en una relación de confianza y quiero que esa relación continúe, debo considerar que los microperdones que se concedan o se pidan son una forma de reparación del afecto herido por el cansancio de la vida.

Piedad

Spinoza aporta una luz maravillosa al distinguir entre piedad y compasión. En esta última, el amor es lo primero: amo a una persona y verla atrapada en tribulaciones me apena. En cambio, en la piedad, lo que viene primero es la tristeza, incluso un sentimiento narcisista de culpabilidad. En la televisión, los niños mueren de hambre, y este espectáculo desgarrador hace que me duela el corazón cuando me acuerdo de que yo también puedo sufrir. Pero si me fijo bien, me preocupan muy poco estos extraños que gritan en medio de la hambruna, de ahí la urgencia de despertar nuestra sensibilidad y de luchar, por amor, contra toda injusticia. La piedad y la compasión pueden vivir en el mismo corazón; el discernimiento y la meditación nos permiten separar el trigo de la paja. *Alexandre*

Plasticidad cerebral

La plasticidad cerebral es la capacidad del cerebro para cambiar y evolucionar a lo largo de nuestra vida. Esta capacidad de reconfigurarse, de remodelar sus vías sinápticas en función de las redes cerebrales que se activan regular y repetidamente por acontecimientos mentales, actos, emociones y experiencias de vida, sucede a nivel biológico, concreto, anatómico. La investigación en neurociencia muestra que aprendemos constantemente: cada momento, cada acción, cada interacción es una oportunidad para que nuestro cerebro se desarrolle de cierta manera, para construir «caminos neuronales», caminos mentales que, si se usan y ejercitan con regularidad, se convertirán en autopistas para nuestros pensamientos y emociones. Así que surge una pregunta importante: ¿qué alimento diario le damos a nuestro cerebro a través de todas nuestras actividades? Nuestra mente se entrena a sí misma, todo el tiempo, sin que nos demos cuenta: y se nutre de lo que le ofrecemos a través de los objetos en los que centramos nuestra atención, a través del entorno en el que nos sumergimos con ella.

Lo que hay que entender es que ninguna actividad mental es trivial: cada vez que nos detenemos en nuestras preocupaciones, reforzamos nuestra capacidad de preocuparnos; cada vez que nos obsesionamos con nuestro resentimiento, reforzamos nuestra capacidad de sentir rencor; cada vez que dejamos que nuestra mente se quede atrapada en una distracción, aumentamos nuestra capacidad de distraernos, etc. Involuntario pero efectivo entrenamiento mental, por desgracia. De la misma manera, cada explosión de ira o cada ataque de pánico prepara la aparición del siguiente, cuando nos encontremos más o menos en las mismas circunstancias.

Por lo tanto, es importante no «instalar estos programas» en nuestro cerebro. Detener los pensamientos obsesivos inmediatamente, tan pronto como los notemos; por ejemplo, realizando una actividad diferente: caminando, hablando con alguien, o incluso poniéndolos por escrito para aclararlos y deshacernos de ellos, no va nada mal. Si tienes una crisis de ira, quítate de en medio rápidamente y haz lo mismo. Es más complicado con los ataques de pánico, ya que a menudo requieren la ayuda de un terapeuta, pero el terapeuta también te explicará que debes tratarlos respirando con lentitud, atento al mundo exterior en lugar de concentrarte en las interpretaciones angustiosas de tu estado. Por lo tanto, en primer lugar, hay que bloquear estos programas, detener este entrenamiento «salvaje» de la mente que sostiene nuestro sufrimiento emocional.

En segundo lugar, hay que probar nuevos programas: la terapia conductual, por ejemplo, afirma que debemos enfrentarnos a las situaciones que desencadenan nuestro miedo, pero no obedecerlo. Si tienes miedo al vacío, quedarte frente al vacío, respirar con calma, pero no huir. Con cada nueva confrontación exitosa a la situación, sin huir, el programa de entrenamiento elegido (enfrentarse) le gana puntos al programa de entrenamiento experimentado (huir). Por eso lleva tiempo: si he tenido cuarenta ataques de pánico en mi vida, necesitaré al menos cuarenta enfrentamientos exitosos con situaciones «panicógenas» para que mis programas antipánico y propánico sean iguales, y para que poco a poco mis reflejos sean mantener la calma y respirar en lugar de entrar en pánico. Se trata del mismo modo la ira: cuanto más me enfrento a situaciones que me hacen enfadar, mi programa de regulación emocional será más robusto, funcional, y se activará antes que el programa que nos conduce a entrar en cólera. «Me irrita, pero sé mantener la calma y decir tranquilamente que esto me irrita.»

El tercer paso de nuestro programa de entrenamiento mental es fortalecer los circuitos cerebrales dedicados a las emociones positivas (admirar, amar, ayudar, tomarse el tiempo para saborear y profundizar en los momentos de calma y paz…) para fortalecer las vías que poco a poco me ayudarán a sentirlas de forma espontánea. ***Christophe***

Policlínica

Schopenhauer creía que la humanidad es como una taberna de borrachos, una guarida de ladrones, un asilo para locos. Prefiero pensar que es una gran policlínica en la que todo el mundo echa una mano, arrima el hombro para avanzar. En momentos de gran sufrimiento, sueño con un lugar donde poder refugiarme sin ser juzgado: «¡Ayúdame! Tengo que seguir adelante, estoy al límite de mis fuerzas…». Todos los días, en esta gran policlínica, tenemos que arremangarnos para convertirnos en bodhisattvas, ingenieros, mecánicos de lo viviente. Y Chögyam

Trungpa nos lanza una petición radical: «Debemos trabajar duro para ayudar a los demás, directamente, sin siquiera ponernos guantes de goma para limpiar los vómitos». *Alexandre*

Prejuicios

En *La gaya ciencia*,[26] Nietzsche escribió que filosofar es socavar la estupidez. Cada uno de nosotros va por la vida con un arsenal de conceptos y proyecciones, tanto que terminamos viviendo sólo en nuestro propio mundo, encerrados en una sala de proyecciones, aislados de los demás, de nuestro verdadero ser, de la realidad. Socavar la estupidez es contemplar nuestro credo interior, ver las certezas a las que estamos atados. El sociólogo Pierre Bourdieu también nos ofrece un magnífico instrumento para alcanzar la libertad: el *habitus*. *El habitus* es una «manera de actuar, de comportarse consciente y voluntariamente de un individuo en un grupo social determinado». Tantas influencias nos amasan, nos moldean y nos derriten.

Desde nuestra niñez, estamos sumergidos en una piscina en la que aprendemos una forma de ver el mundo, de sentir y vivir. Aún hoy, esta herencia sigue funcionando y es a menudo la que nos hace actuar. Si es inútil

26. *Op. cit.*

querer hacer borrón y cuenta nueva, es fructífero echar una mirada lúcida al pasado para sacar fuerzas para avanzar lejos de los mecanismos de defensa, los hábitos, las viejas pautas, los miedos, las ansiedades y las expectativas no cumplidas. *Alexandre*

Presente

A veces, cuando me asolan las preocupaciones y el miedo al futuro, trato de volver a la casa del presente, de abrirme al aquí y ahora para ver y saborear que en este preciso momento no estoy padeciendo un paro cardíaco, que no todo está perdido, que siempre hay una inmensa posibilidad de progresar… *Alexandre*

VER TAMBIÉN MOMENTO PRESENTE

Primer paso, El

Para lanzarse a la piscina y caminar hacia la sabiduría, ¿por dónde empezar? El primer paso, tan crucial, puede ser atreverse a hacer un diagnóstico lúcido y objetivo. Epicteto, que se describía como un esclavo en el camino hacia la liberación, nos ayuda a mirar sin miedo a los *enemigos interiores*, los campos de batalla o, mejor aún, los puntos de vigilancia, las grandes obras de la existencia, sin olvidar todas esas regiones acrásicas de nuestro ser. Para esta aventura, este equipaje: paciencia ilimitada, una perseverancia alegre y desenfadada, y bondad sin fin.

Bajarse del ajetreo diario y prestar atención a nuestra brújula interior nos protege de muchos peligros. Saberse vulnerable e influenciable y ser capaz de detectar que tengo un problema es una gran ayuda. Ignorar la existencia de relaciones tóxicas, de comportamientos que nos arrastran, es seguir siendo esclavos. ***Alexandre***

Progreso

Epicteto se describía como «un esclavo en camino a la liberación». Aunque tropiece y me rompa la crisma, seguiré siendo un *progrediens*, un ser que se vuelve a levantar y avanza hacia una felicidad libre. Hasta nuestro último aliento, tenemos la oportunidad de avanzar, de decir sí, incluso con la boca pequeña, a lo que viene. ***Alexandre***

VER TAMBIÉN ESFUERZO GOZOSO, SÍ, TROPEZAR

Publicidad

Un día, estando en Nueva York con Rabjam Rimpoché, el abad del monasterio de Shechen, nos encontramos en medio de Times Square, la famosa plaza donde se concentran teatros, cines y grandes almacenes. Las fachadas de los rascacielos estaban cubiertas de enormes carteles luminosos anunciando los espectáculos que se representan o elogiando diversas marcas de bebidas azucaradas y chocolates. Rabjam Rimpoché observó aquella multitud de signos multicolores que destellaban en todas las direcciones y, con gesto pensativo, me dijo: «¡Están tratando de robarme la mente!». Claramente, aquél no era un lugar adecuado para la libertad interior.

En el Himalaya, en lugar de grandes carteles anunciando «¡Bebe Coca-Cola!» en cada esquina, descubrimos, en la ladera de la montaña, los mantras, como el del Buda de la compasión, dibujados por filas de innumerables piedras blancas. Las colinas están cubiertas con banderas impresas con oraciones, como, por ejemplo, «¡Que todos los seres sean felices!», que el viento hace bailar en todas las direcciones.

El propósito de la publicidad es hacer que deseemos lo que no necesitamos. Si realmente necesitamos algo, la publicidad es inútil. Una vez me imaginé alquilando espacios publicitarios en una gran ciudad y poniendo carteles que dijeran, por ejemplo, «¡Vive mejor, compra menos!», «El consumo no te hace feliz», «No compres lo que no necesitas». *Matthieu*

VER TAMBIÉN NECESIDAD, DESPRENDIMIENTO

Radio Mental FM

¡Esa Radio Mental FM que hace comentarios sobre cualquier cosa! De la mañana a la noche, juzga, analiza, compara. Cuanta más importancia le doy, menos disponible estoy para el otro. El ejercicio aquí consiste en tomar conciencia de los mil y un pensamientos que nos mantienen alejados de los demás. Aunque no podamos apagar la radio, es suficiente con ser consciente de que está sonando constantemente. Admitamos que en ciertos momentos estamos tan invadidos por estas ondas que el otro casi ya no existe. ¿Cómo podemos escuchar a un padre que ha perdido un hijo si nosotros mismos estamos bloqueados ante la idea de que nos pueda pasar una tragedia así? *Alexandre*

VER TAMBIÉN RUMIACIÓN

Reaccionar o responder

Los instructores de meditación *mindfulness* hacen una sencilla distinción pedagógica entre reaccionar y responder. La reacción es inmediata e impulsiva; la respuesta, reposada y reflexiva. En la vida, necesitamos ambas cosas: en ocasiones, reaccionar rápidamente; otras veces, responder con calma. Pero, aunque reaccionar no requiere esfuerzo (es instintivo; por ejemplo, defenderse), responder, especialmente cuando afecta a nuestras emociones, requiere aprendizaje.

La práctica regular de la meditación de la conciencia plena nos aporta una serie de ejercicios y experiencias irremplazables. Por ejemplo, cuando meditamos con nuestros pacientes, les explicamos que si les pica la nariz o si empiezan a sentir un calambre en la pantorrilla, pueden rascarse o moverse. Pero también les pedimos que no se comporten como de costumbre: antes de actuar, les pedimos que se tomen el tiempo de observar lo que está sucediendo, de contemplar su experiencia. «Respira, fíjate en dónde está exactamente la picazón o el calambre, qué intensidad tiene, qué pensamientos desencadena, cómo reacciona el cuerpo. ¿Has estirado el brazo para rascarte? ¿Te mueves inquieto para cambiar de postura? Comprueba si, después de unos momentos, la necesidad de rascarte o moverte sigue ahí o ha cambiado o desaparecido. Intenta responder, entonces, en lugar de reaccionar inmediatamente.» Es preciso que los pacientes vean que, al adquirir conciencia plena antes de obedecer un impulso, a veces la situación (picor o calambres) o su sentimiento psicológico («tengo que hacer algo») cambia por sí solo.

Es un buen entrenamiento basado en situaciones simples para aprender a enfrentar situaciones más complejas, especialmente cuando se trata de impulsos relacionados con la activación emocional, sobre todo el miedo o la ira. Así, meditar regularmente es darse un espacio de libertad que ofrece la posibilidad de elegir entre reacción o respuesta. Y este espacio de libertad consiste en estar presente, observando lo que sucede, pero tomándose el tiempo para no apresurarse (a fin de discernir mejor qué es lo más importante en este momento). No me diréis que no es un buen ejercicio para fortalecer la sabiduría...
Christophe

Recaídas

A menudo la vida es así: crees que has progresado, y de repente todo se desmorona y recaes. Creías que habías conseguido ser más sabio: más tolerante ante la contradicción, más tranquilo ante la adversidad, más lúcido ante la dificultad… Y entonces, ante un conflicto más retorcido de lo habitual o un tropiezo con un nuevo obstáculo en un momento de debilidad, volvemos a caer en nuestras incoherencias, nuestros errores, nuestros malos hábitos; con la culpabilidad de haber hecho algo malo y la tristeza de retroceder. Si alguien ha conseguido progresar ininterrumpidamente en su vida, sin contratiempos ni recaídas, que se ponga en contacto conmigo. Tengo curiosidad por conocer al primer ejemplar de humano *rectoprogrediens*, es decir, el que progresa en línea recta. Es como caminar todo un día por la montaña sin tropezar nunca. Significaría que no miras nunca hacia arriba, que en ningún momento piensas en otra cosa ni dejas que tu mente divague y se recree con la felicidad de estar ahí, como si el ascenso y el descenso tuvieran un único objetivo: no tropezar. Te perderías todo lo demás. Por último, quizá nuestras recaídas son también una lección: la búsqueda de la sabiduría no debe distraernos del espectáculo del mundo. *Christophe*

VER TAMBIÉN PROGRESO, TROPEZAR

Redes sociales

A menudo se señala, con razón, que la hiperconectividad de las redes sociales puede conducir a una forma de soledad. ¿Qué significa tener 1.500 «amigos» en Facebook? Ciertamente, no es lo que generalmente se entiende por amistad. Un sociólogo ha observado que los medios de comunicación, curiosamente llamados «sociales», hacen que el individuo acabe sintiéndose solo a pesar de estar conectado con un montón de gente. Recuerdo una viñeta en un periódico que representaba un rascacielos por la noche. A través de los cientos de ventanas iluminadas, se podía ver a personas sentadas solas frente a su ordenador «comunicándose» con alguien. Un joven de dieciséis años, gran usuario de mensajes de texto, escribió con cierto pesar: «Algún día, pero no ahora, me gustaría aprender a tener una conversación». Estamos pasando de la conversación a la conexión. Los intercambios electrónicos son rápidos y a veces brutales. Las conversaciones humanas cara a cara son de naturaleza diferente: evolucionan más lentamente y son mucho más matizadas y sutiles; tenemos en cuenta las expresiones faciales de la otra persona, su tono de voz, la postura corporal, todos los factores que promueven la empatía y la resonancia emocional.

Es innegable que las redes sociales ofrecen a los ciudadanos del mundo un potencial sin precedentes para conocerse, mantenerse en contacto con los amigos, escapar del control de los regímenes dictatoriales o unir

fuerzas a favor de una causa noble. Pero las redes también se han convertido en un escaparate para el narcisismo, permitiéndonos llamar la atención. El lema de YouTube es *Broadcast Yourself* (Difúndete a ti mismo). En Estados Unidos, algunas páginas de Facebook se abren con el logo «*I love ♡ ME*». Sin embargo, el narcisismo no nos hace felices, ¡ni a nosotros ni a los demás!
Matthieu

Relaciones difíciles

El vínculo con el otro a menudo puede avinagrarse. Sin mencionar esas relaciones tóxicas que arruinan la vida. Un amigo mío me enseñó una valiosa lección... Cada vez que va a visitar a su madre en un hogar de ancianos, se prepara para, como él dice, «bajar al pozo contaminado de Chernóbil». Y añade: «Me preparo para recibir en mi cara una tonelada de ondas negativas, un cargamento de reproches, un montón de críticas». Y Dios sabe que ama a su madre, por lo que hace todo lo posible para no arruinar la relación. Se atreve a introducir un poco de libertad en medio del caos. ¿Cuántas veces en nuestra vida nos apegamos a personas que sólo nos dan migajas de afecto sin nunca saciar nuestro corazón? Peor aún, podemos atarnos y apegarnos a hombres y mujeres que no dejan de empujarnos hacia abajo.

Swami Prajnanpad lo describe así: un perro siempre regresa con su amo con la esperanza de obtener su comida, aunque el desagradable dueño lo golpee. Por lealtad, por necesidad, la valiente bestia está dispuesta a recibir golpes desagradables, a revivir situaciones traumáticas indefinidamente, encadenándose a su verdugo. ¿Qué estamos dispuestos a soportar para satisfacer nuestras necesidades y conseguir esa comida que tanta falta nos hace? Debido a la carencia de amor incondicional en el pasado, es muy posible que algunas personas, y yo el primero, sean capaces de arrastrarse para recoger algunas migajas. De ahí el grave peligro de caer en la dependencia y la alienación.

Afortunadamente, hay mil y una maneras de salir de esta prisión. ¿Por qué se le debe dar a alguien el derecho a la vida o a la muerte de nuestra alegría? ¿Por qué deberíamos delegar nuestra paz interior? Spinoza, de nuevo, nos aleja de toda charlatanería. Es por un afecto mayor por lo que conseguimos superar las pasiones tristes, escribe. Sí, para vencer un apego dañino, sin agotarnos en la lucha, hay que abrazar una aspiración mayor, más amplia: el deseo de dar media vuelta, de conseguirlo, de tener relaciones auténticas, de avanzar hacia el Despertar. Esta alegre ascesis nos aleja, más o menos, de estos patrones de comportamiento que giran en bucle. ***Alexandre***

VER TAMBIÉN DISCORDIA, VÍNCULOS

Renuncia

La palabra tibetana que traducimos como «renuncia» evoca en realidad la indomable determinación de liberarse del *samsara*. En un determinado momento, uno ya no puede tolerar la adicción a las causas del sufrimiento. Cuando un pájaro se escapa, no podemos decir que renuncia a su jaula, sino que se libera. Que la jaula sea de hierro o de oro no cambia nada. ***Matthieu***

Rumiación

En terapia, solemos recomendar que nos planteemos tres preguntas para saber si estamos reflexionando o rumiando:

1. Empezar a pensar en este problema, ¿te ha ayudado a encontrar una solución?
2. Aunque no hayas encontrado una solución, ¿al menos ves las cosas un poco más claras?
3. No encontraste una solución y no lo ves más claro, pero ¿ha hecho que te sientas mejor?

Si respondes «no» a las tres preguntas, no estás pensando en tu problema, estás rumiándolo. En este caso, la mejor manera de desprenderse de la rumiación es cuidar de las plantas, caminar, hacer *footing*, ayudar a los demás… En definitiva, realizar una acti-

vidad diferente. O hablar con un amigo: ¡no para rumiar juntos, sino para conversar sobre otras cosas!
Christophe

VER TAMBIÉN RADIO MENTAL FM

Sabios y maestros de humanidad

En *Así habló Zaratustra*, Nietzsche menciona un rebaño sin pastor... ¿Dónde están nuestros guías, nuestros puntos de referencia? ¿Qué nos gobierna? ¿La dictadura del «nosotros», la opinión pública, la ley del mercado, el egoísmo ciego, el individualismo desenfrenado? Hacer esta pregunta ya es dar un gran paso hacia la libertad. Sigamos la llamada a convertirnos en lo que somos, dejemos de fijarnos en modelos ilusorios y en ídolos para alejarnos humildemente de la alienación. Para abrirnos camino hacia esta nueva vida, dirijamos nuestra mirada a quienes puedan inspirarnos y, si es necesario, ayudémosles.

En la vida cotidiana encontramos maestros en humanidad a cada momento. Cuando soy presa del pánico, me gusta contemplar a esos privilegiados, una especie de *hiperfavorecidos* que viven más allá de la angustia. Junto a los filósofos que afortunadamente me nutren y apoyan, están los amigos en el bien, estos testigos que dan fe de la bondad de la vida en todas partes y en todo momento. Abrirse a los vínculos es volver a la escuela, dejarse enseñar, conmoverse. Y cada día aporta una lección. Una sonrisa en el metro, un oído atento, una mano tendida, todo es una enseñanza y una oportunidad de desaprender los mecanismos de defensa para avanzar en el encuentro de forma abierta. Marco Aurelio empieza sus *Pensamientos*[27] documentando lo que ha recibido de sus seres queridos, sus padres, los dioses... ¿Y si, a nuestra vez, nos permitimos este ejercicio de gratitud para ver que el otro nos crea, nos alimenta y nos habita? ***Alexandre***

Sabios y maestros espirituales

Un sabio nos inspira no sólo por un aspecto particular de su vida, sino por el conjunto de sus cualidades humanas, intelectuales y espirituales, por su conocimiento y su forma de ser. Es una referencia para el altruismo, la ética, la coherencia y la libertad interior. Además, un auténtico sabio manifestará estas cualidades en todo momento y en toda circunstancia, tanto en privado como en público. Mis dos principales maestros espirituales, Kangyur Rimpoche y

27. Losada, Barcelona, 2018.

Dilgo Khyentse Rimpoche, se comportaban de la misma manera ante un humilde campesino o un rey. Lo mismo ocurre con el dalái lama, que trata de la misma manera a la persona que trabaja en la planta de su hotel y a un jefe de Estado. Finalmente, en el caso de un maestro espiritual, estas cualidades deben verificarse a lo largo del tiempo. «Haz lo que yo diga, no lo que yo haga» no es admisible. La perfecta coherencia de un sabio da una confianza inquebrantable en su integridad. En resumen, no puede haber una fachada hermosa ocultando un comportamiento espantoso entre bastidores.

En las culturas que siguen siendo en gran medida tradicionales, como el Tíbet o Bután, por ejemplo, cuando se llega a algún lugar, se pregunta dónde están los ancianos locales, a fin de reunirse con ellos. Es difícil imaginar a alguien que llega a París preguntando en la calle dónde encontrar al sabio del barrio. Te tomarían por un loco. En cambio, preguntas por el supermercado o el gimnasio más cercano. Me hablaron de una delegación de indios kogi de los altos valles de Colombia que llegó a París y dijo: «Queremos conocer a sus sabios». Sus anfitriones se miraron entre sí y no pudieron responder. Presentarles a un ministro probablemente no habría sido lo correcto. «Lo siento, pero no tenemos.»

En muchas culturas budistas del Himalaya, los sabios siguen siendo el centro de la sociedad. No se les respeta como se haría con un potentado, sino que se les rinde admiración y adoración. La gente se acerca a los sabios de forma natural como las abejas a las flores, sin que el sabio trate de atraerlos ni retenerlos. Un maestro espiritual es un dador de libertad interior, no un tirano que busca controlar nuestra existencia para su propio beneficio. No tiene nada que perder o ganar, sino todo para dar.

Durante años, el dalái lama ha reclamado la creación de un Consejo Internacional de Ancianos, ganadores del Premio Nobel de la Paz, científicos, pensadores eminentes y emprendedores sociales. Las Naciones Unidas, dijo, deberían desempeñar este papel, pero sus representantes tienden a defender los intereses de sus países y, por lo tanto, les resulta difícil dar prioridad a los intereses de la población mundial y del planeta. Estos sabios podrían, por lo tanto, ofrecer asesoramiento sobre cuestiones mundiales graves que trascienden los intereses nacionales. Desafortunadamente, nadie parece realmente interesado en esta propuesta. A pesar de todo, es un poco lo que han intentado conseguir, de una manera más limitada, el grupo Elders (los «Mayores»), que incluye a Jimmy Carter, Desmond Tutu, Mary Robinson y una docena de sabios más. Pero cuando invitaron al dalái lama a unirse a ellos, los chinos hicieron tanto alboroto que no funcionó. Se reúnen de vez en cuando, pero nadie presta mucha atención a sus recomendaciones. Es una lástima. *Matthieu*

Seriedad

¡Por qué terrible malentendido se ha llegado a asociar la vida espiritual con lo pesado, la privación con un ascetismo apergaminado! En su *Ética*,[28] Spinoza ve la alegría como el motor de nuestra liberación. Ponerse en camino es preguntarse: «¿Qué es lo que realmente nos hace felices?». Atar nuestra felicidad a causas externas completamente aleatorias es como comprarle placeres y alegrías a un comerciante malévolo y bipolar. ¿A qué nos dedicamos de la mañana a la noche? ¿Qué es lo que nos preocupa?

Salir de la seriedad es empezar a tomarnos la vida… en serio mientras nos reímos de nuestro pequeño yo y sus psicodramas. Hay un abismo que separa el humor de la burla. Reírse del personaje que interpretamos es uno de los caminos reales hacia el autodesprecio.

Chögyam Trungpa, en *Más allá del materialismo espiritual*,[29] tiene mucha razón al recordarnos lo esencial: «Así, el sentido del humor no consiste únicamente en tratar de hacer chistes o juegos de palabras, tratar de ser

---

28. *Op. cit.*

29. Edhasa, Barcelona, 1985.

gracioso de forma premeditada. Consiste más bien en percibir la ironía fundamental que resulta de la yuxtaposición de los extremos, para que ya nunca más nos veamos en la posición de haberlos tomado en serio, es decir, de haberles seguido seriamente el juego de la esperanza y el temor». ¡Es todo un desafío no ser el primero en preocuparse y enfadarse para contrarrestar los sentimientos de tristeza! *Alexandre*

Sexualidad

Nietzsche no se anda con rodeos cuando escribe en *Más allá del bien y del mal*: «El bajo vientre es el motivo de que al hombre no le resulte fácil tenerse por un dios».[30] Es todo el ser el que debe convertirse. El hombre y la mujer son intelecto, corazón, razón, pasiones, impulsos... La ascesis consiste en dejar la codicia, la ambición y la lujuria y abrazar una mirada contemplativa. ¡Qué dulce y sencillo sería despertarse por la mañana sin carencias, necesidades ni expectativas! Precisamente, como muestra Chögyam Trungpa, es en nuestras contradicciones donde debemos entrenarnos para ser uno con la realidad. ¡No esperemos a ser perfectos para embarcarnos en la aventura de saborear la paz! Epicteto

30. Alianza Editorial, Madrid, 2012.

propuso que hagamos el amor «como de pasada», sin tiranía ni obsesión, sin excesos ni quebraderos de cabeza, sin ninguna perversión. Desdeñar el cuerpo, mirarlo con desprecio, es condenarse a no colaborar con ese noble vehículo. También es liberador leer a Paul Ricoeur: «Finalmente, cuando dos seres se abrazan, no saben lo que hacen, no saben lo que quieren, no saben lo que encuentran. ¿Cuál es el significado de ese deseo que los empuja hacia el otro? ¿Es el deseo de placer? Sí, por supuesto que sí. Pero esta respuesta no es suficiente, porque, al mismo tiempo, notamos que el placer no tiene sentido en sí mismo: que es representativo. ¿Pero de qué? Tenemos la vívida y oscura conciencia de que el sexo participa en una red de poderes cuya armonía cósmica está olvidada pero no abolida; que la vida es mucho más que la vida; quiero decir que la vida es mucho más que la lucha contra la muerte, un retraso del destino fatal; que la vida es única, universal, en definitiva, y que la alegría sexual nos hace participar en este misterio».

Somos contrabandistas de una fuerza, una energía que está muy por encima de nosotros. Nuestro desafío es no caer nunca en la voluntad de poder, en la instrumentalización. Swami Prajnanpad nos da una herramienta preciosa: «El amor consiste en ayudar al otro a liberar sus tensiones». Rudimentario abecé... esencial. ***Alexandre***

Sí

Avanzar en el camino del sí y abandonar todo comentario es quizá la esencia de la práctica. *Alexandre*

VER TAMBIÉN ACEPTAR

Silencio

Mi querida madre suele decir: «El silencio es el lenguaje del futuro». Desde mi ermita en Nepal puedo ver la cordillera del Himalaya que se extiende más de doscientos kilómetros ante mis ojos. El silencio es tan perfecto que puedo oír las voces de los campesinos a más de un kilómetro de distancia, y a veces el sonido apagado del frente de lluvia que se forma en la cercanía y aumenta en intensidad antes de llegar hasta mí. El silencio exterior abre las puertas al silencio interior. Ahí es más fácil experimentar la frescura del momento presente, que nos acerca a la naturaleza última de las cosas.

Recuerdo una mañana de otoño. Estaba sentado solo a la orilla del gran lago Manasarovar, a cuatro mil seiscientos metros sobre el nivel del mar, cerca del monte Kailash. El cielo era de un azul intenso y la luminosidad era casi cegadora. El silencio era perfecto. De repente, escuché unos graznidos que reconocí como los de los patos escarlata. Escruté mi entorno sin poder localizarlos, pero finalmente los vi, flotando pacíficamente a un par de cientos de metros de la orilla. Sus gritos se habían extendido por la superficie del lago y los oía como si estuvieran a mi lado. Me di cuenta de que la meditación se encuentra tanto fuera como dentro. Me vino a la memoria un episodio de la vida del gran yogui Shabkar, que una vez estuvo a orillas de aquel mismo lago, a principios del siglo XVIII. Más tarde, escribió: «Un día, mientras descansaba junto a la orilla del lago, experimenté una libertad exenta de todo objeto de concentración, un estado claro, vasto y abierto». *Matthieu*

Sociedad consciente

Abrirse a una vida espiritual, emprender un camino de liberación, no es, repito, aislarse, retirarse del mundo, vivir escondido en un cómodo búnker. Por el contrario, debemos comprometernos, movilizarnos por los demás, por la comunidad, la familia humana. Pero ¿qué hacer? ¿Cómo actuar? ¿Qué peso tienen *mis* esfuerzos ante tal océano de sufrimiento e injusticia? El desafío es habilitar lo colectivo, el «nosotros», ¡urgentemente! Hay una parte del mundo del desarrollo personal que quiere hacernos creer que cada persona puede inventar un bienestar individual para sí misma. Nada más lejos de la realidad. La interdependencia y nuestra naturaleza fundamental están conectadas por lazos y solidaridad. La mayor parte de la violencia y el malestar social proviene del hecho de que la gente puede ser codiciosa, neurótica y, en el fondo, se quiere muy poco. De ahí la necesidad de arrancar de nuestros corazones el odio y el autodesprecio para entregarnos a los demás libre y felizmente. Cada uno de nosotros tiene un potencial infinito, inmensas virtudes, un montón de piedras que aportar al edificio común.

Trungpa, junto con tantos otros, pide una sociedad consciente. Prestemos atención: «No podemos cambiar la forma de *ser* del mundo; por otra parte, abriéndonos al mundo *tal como es*, podemos descubrir que la dulzura, los buenos modales y la valentía son accesibles para nosotros, que de hecho son accesibles para todos los seres humanos».[31]

El coraje, la no-violencia, la bondad y el altruismo son fermentos, alegres negaciones del individualismo, del egoísmo, de estas heridas que gangrenan la vida en común. Trabajar en uno mismo conduce a un don, la generosidad, de lo contrario no vale la pena dedicarle ni siquiera una hora de esfuerzo.

Trabajar por una sociedad más consciente, más sabia y más solidaria no es lavar el cerebro ni imponer una

---

31. Chögyam Trungpa, *Shambhala, La senda sagrada del guerrero*, Kairós, Barcelona, 1986.

perorata santurrona. Pero para hacer oír la voz del intercambio, el progreso y la igualdad social, hay que comprometerse a ofrecer los medios para alcanzar la felicidad y la libertad a todas las personas. No se trata de un desafío hercúleo ni de una tarea inhumana... El progreso y los cambios también nacen en el crisol de la vida cotidiana. Siempre me suelo acordar del aforismo 589 del libro de Nietzsche *Humano, demasiado humano*:[32] preguntarse cada mañana a quién podemos complacer ese día... ¡Esto en sí mismo ya es revolucionario!

La sabiduría también se manifiesta en la inteligencia colectiva, donde cada uno tiene su lugar. Fructifica y está enraizada en las acciones. Concretamente, el ejercicio espiritual consiste en preguntarse cada mañana: «¿Cómo me voy a comprometer y a entregarme a la sociedad hoy?». ***Alexandre***

Sócrates

En su *Apología de Sócrates*,[33] Platón lo compara con un tábano que pica y azota a los caballos para despertarlos. Siempre afinando el sentido de la verdad, Sócrates, una figura tutelar de nuestra tradición occidental, lanza

32. Tecnos, Madrid, 2019.

33. Austral, Madrid, 2011.

desde las profundidades de los tiempos su famoso «Conócete a ti mismo»... Una invitación tonificante que no tiene nada que ver con una introspección plana y narcisista. Los «pies descalzos» de Atenas nos abren un camino hacia la interioridad. Genio de la mayéutica, sabe que no sabe nada. Verdadero francotirador de los prejuicios, va en búsqueda de las creencias y los estereotipos, esa mezcolanza en la que pueden encerrarse algunos. Es como si, para salir de la prisión de nuestras vanas certezas, necesitáramos unas patadas en el trasero, una especie de *mala conciencia*. Al tomar la cicuta, Sócrates nos da una última lección. Aunque puede huir, acepta un veredicto injusto sin dudarlo. ¿Cree, como escribe Platón en *La República*,[34] que «lo que da origen a la sociedad es la impotencia en la que cada hombre se encuentra para ser autosuficiente»? Sócrates no tiene miedo de morir cuando se lleva el famoso veneno a los labios. Experimentaba la filosofía como un ejercicio de total desapego. La filosofía es aprender a morir, proclama en *Fedón*.[35] Tiene un gran remedio para no sucumbir a la amargura. Aquellos jueces deshonestos, arbitrarios y parciales no podían excluirse del principio de benevolencia. Nadie es voluntariamente malvado...

---

34. Austral, Madrid, 2011.

35. *Op. cit.*

Si en un momento dado no me hubiera cruzado en el camino de Sócrates, probablemente no estaría aquí. Aquel incidente, aquel percance, me hizo descarrilar, salir de un camino trazado. Un día entré en una librería y salí totalmente diferente. Acompañaba a una chica. Mientras esperaba, me entretuve con un diálogo con Platón. Entonces surgió una llamada, una vocación: profundizar en lo importante, no trabajar para vivir mejor, sino obrar para vivir mejor. Odiaba los libros, creyéndolos inútiles, muy alejados de mis preguntas, mis dudas y mi malestar. Inmediatamente empecé a jugar a ser Sócrates, a cuestionar los determinismos, a investigar y calibrar, a tratar de entender...

«¿Por qué hay personas con discapacidades?», «¿Por qué, si Dios existe, nos deja solos, sin nuestros padres?». En la institución en la que crecí, vivía, afortunadamente, un sabio, el capellán, el padre Morand. Su bondad, una existencia entera dedicada a los demás, me desconcertaba y me conquistaba. Gracias a él, con mi nuevo compañero que acababa de llegar de la antigua Grecia, la aventura empezó. Y he aquí un adolescente desarmado que salía en busca del crecimiento. De ahí a querer ingresar en la filosofía como se ingresa en una orden religiosa, había sólo un paso. Sin Sócrates, sin el buen padre Morand, seguramente yo nunca habría dado el salto...

Junto con Jesús y Buda, este sublime pensador sigue ayudándome hoy en muchos sentidos. Ellos son mis maestros de vida. Ninguno de ellos escribió nada; los tres nos ayudan a edificar el arte de vivir y nos guían hacia una conversión interior. ¿Cómo seguirlos aquí y ahora? ¿Qué pasos dar, no para imitarlos, sino para crecer en su compañía? *Alexandre*

Solidaridad

Trabajar junto a los más desfavorecidos hizo que me sintiera atraído por la solidaridad desde muy joven. Algunos dicen que el ser humano es malvado, egoísta y que sólo piensa en sí mismo. Es exactamente lo contrario que experimenté con mis compañeros de infortunio: una solidaridad natural, una bondad espontánea, un deseo de progresar juntos... En dos palabras, un altruismo vigorizante. Ante un destino desafortunado, nos mantenemos unidos. Tenemos que deshacernos de la idea de que el hombre es egoísta por naturaleza. Por el contrario, he encontrado una bondad auténtica y desinteresada en el corazón de muchas personas, y sobre todo en el de los niños. ¿Por qué hemos desaprendido esta inocencia?

Es cierto que el espectáculo de la vida cotidiana y la simple observación de sí mismo revelan mil y un defectos, como los celos, la calumnia, la burla... de los que es difícil desprenderse. Pero nada de esto me impide creer en la grandeza del ser humano. Por lo tanto, *debemos redoblar* nuestros esfuerzos para llegar al fondo, a la naturaleza profunda de nuestro ser, que escapa a estos mecanismos emocionales. *Alexandre*

Sufrimiento

El término «sufrimiento» abarca todos los estados mentales que percibimos como indeseables. El punto de partida puede ser el dolor físico o un estado de ánimo como la angustia, el miedo o cualquier otro sentimiento que deseáramos ver desaparecer. El sufrimiento puede ser efímero, como algunos dolores de cabeza, o duradero, como en el caso de la desesperación, la pérdida de sentido vital o un profundo malestar. ¿Por qué tenemos esta capacidad de sufrir? Desde un punto de vista evolutivo, el sufrimiento promueve la supervivencia: el dolor físico es una señal de advertencia que nos informa de que algo está amenazando nuestra integridad física. Aquellos que no tienen sensibilidad al dolor están en peligro mortal. Los leprosos, por ejemplo, cuyos miembros se adormecen, continúan caminando sobre sus muñones, degradando aún más sus cuerpos. Otros pueden quemarse terriblemente sin darse cuenta. El sufrimiento mental es también una señal de advertencia interna. Me advierte de que hay algo que debo hacer para restaurar mi equilibrio.

El sufrimiento se manifiesta en varios niveles, que el budismo ha identificado claramente. No se limita a lo que simplemente parece desagradable: un intenso dolor físico o un trágico acontecimiento que irrumpe en nuestras vidas. Tiene aspectos más sutiles que no pertenecen al ámbito de las sensaciones inmediatas. Existe, por ejemplo, «el sufrimiento asociado al cambio», debido a la impermanencia de lo que momentáneamente consideramos felicidad o placer. Si eres guapo, estás sano y todo te va bien, te apegas inconscientemente a la idea de que esta situación perdurará, y este apego es el punto de partida de un proceso de sufrimiento inevitable, ya que todo cambia constantemente, incluso aunque no lo notemos. Uno de mis maestros espirituales expresó esta verdad de una manera más brutal: «Lo que generalmente llamáis felicidad, nosotros lo llamamos sufrimiento».

El budismo también habla de otro tipo de sufrimiento, aún más imperceptible que el relacionado con los cambios. A veces tenemos la intuición, confusa, de que nada es satisfactorio, ni siquiera cuando lo tenemos todo para ser felices. Éste es el sufrimiento latente, vinculado a nuestra percepción distorsionada de la realidad. Esta percepción errónea, en el budismo, es una de las definiciones de la ignorancia. Si pensamos que las cosas perduran y son en *sí mismas deseables* o indeseables, bellas o feas, beneficiosas o perjudiciales, estamos en desacuerdo con la realidad, y la consecuencia sólo puede ser la insatisfacción. Hasta que la ignorancia fundamental que crea esta brecha entre nuestras percepciones y la realidad se disipe, estamos condenados a sufrir. Según el budismo, el sufrimiento tiene al menos una cualidad: produce desencanto con respecto a este falso sentido de la felicidad y nos anima a liberarnos de las causas de la infelicidad.

Cuando Buda enseña la primera de las «cuatro nobles verdades», la verdad del sufrimiento, su objetivo no es infundir en sus oyentes una visión pesimista de la vida, sino hacerles conscientes de su malestar. Luego, como un buen médico, explica las causas de este malestar. Ésta es la segunda noble verdad, la de las causas del sufrimiento, es decir, la ignorancia y los venenos mentales. Por consiguiente, demuestra que es inútil comprender las causas a menos que nos comprometamos a liberarnos de ellas. Si esta tarea fuera imposible, sería mejor, como dice el dalái lama, «tomarse una buena cerveza, ir a la playa y, sobre todo, no pensar en el sufrimiento». Sin embargo, como todas las cosas, las causas del sufrimiento son impermanentes, lo que significa que podemos librarnos de ellas. La tercera noble verdad, por lo tanto, subraya que el sufrimiento no es irremediable. No se debe al azar o a la voluntad divina, sino que es el resultado de un error fundamental. Pero ese error no es real, no es más que ausencia de verdad. Basta con tomar conciencia de la verdad para que el error, por profundo que sea, desaparezca, así como basta con encender una lámpara para disipar la oscuridad en una cueva, aunque haya estado sumergida en tinieblas durante millones de años. Si es posible remediar las causas del sufrimiento, el siguiente paso consiste en poner en práctica los medios para conseguirlo. Éste es el objeto de la cuarta noble verdad, que describe el camino que va de la ignorancia al conocimiento, de la esclavitud a la libertad y del sufrimiento a la felicidad. *Matthieu*

Suspiro

«Todo lo que hacemos suspirando está manchado de nada.» Estas palabras de Christian Bobin fueron una revelación para mí y se convirtieron en una especie de mantra que me repito cada vez que tengo la tentación de quejarme. No estropees el momento presente suspirando y refunfuñando, y dite a ti mismo: «Sea lo que sea que estés viviendo, en este instante, ¡estás vivo! ¿Preferirías no existir?».

No sólo es bello lo que dice Bobin, sino que es científicamente correcto: el mismo esfuerzo, si es percibido como una tarea que se cumple refunfuñando, será más doloroso, dará menos placer y será menos fértil. Así es como influye lo que llamamos *mindset*, el estado de ánimo, algo confirmado de forma notable en un estudio realizado con unas ochenta camareras de grandes hoteles. Los investigadores las dividieron en dos grupos elegidos por sorteo, y les dijeron que se estaba estudiando el impacto de su trabajo en su salud. Al grupo que querían evaluar, les presentaron un planteamiento diferente: «Creemos que vuestro trabajo es bueno para la salud porque es un trabajo que os permite hacer ejercicio físico en la dosis recomendada por los estudios científicos» (lo que también es cierto, siempre y cuando los horarios no sean infernales...). A las cuatro semanas del experimento, se pudo observar que las que recibieron un mensaje positivo se habían beneficiado de una pequeña mejora en su salud: perdieron peso y su presión sanguínea bajó. Considerar su esfuerzo como algo beneficioso para su salud les había hecho bien. La sabiduría popular también nos dice lo siguiente: mientras no podamos tener lo que queremos, podemos querer lo que ya tenemos... ***Christophe***

Sutra del diamante

A través de un simple estribillo, el *Sutra del diamante* me ofrece una formidable herramienta que me transforma en cada instante: «Buda no es Buda, por eso lo llamo Buda». Ésta es una práctica que me ocupa casi a tiempo completo y me ayuda a lidiar con los altibajos de la existencia. Cuando me encuentro mal, saco este libro no para sacar de él armas, sino un instrumento de vida: «La discapacidad no es discapacidad, por eso la llamo discapacidad».

La frase nos invita a no dar nada por supuesto y, al mismo tiempo, a darnos cuenta de que una cosa puede ser tanto una calamidad como una oportunidad. Se trata de dejar la lógica binaria, la prisión del dualismo. En cada momento puedo experimentar la discapacidad de una manera diferente. Cuando mi mente tiende a cosificar las cosas y a ponerle etiquetas a todo, mil veces al día, me repito: «Alexandre no es Alexandre, por eso lo llamo Alexandre».

Lo genial de esta fórmula mágica es que nos ayuda a no instalarnos nunca en nuestras heridas, sin negarlas. Se trata de tomar conciencia de que tenemos muchos prejuicios sobre la realidad y, a continuación, eliminarlos poco a poco. Puedo entonces, sin engañarme, llamar a las cosas por su nombre, sabiendo que la realidad es siempre más densa de lo que creo. El ejercicio consiste en desprenderme de mí mismo, tratar de deshacerme de todas mis fijaciones egoístas y, sin cesar, sentir el movimiento de la vida... Así: «Mi esposa no es mi esposa, por eso la llamo mi esposa». Gracias a este texto brillante, descubro cada día que los seres son infinitamente ricos, y dejo de encerrarlos en representaciones. Ver que un río de pensamientos y emociones fluye en mi mente ya es una forma de dejar de tomarme todo lo que me viene a la cabeza demasiado en serio. ***Alexandre***

VER TAMBIÉN ETIQUETAS

Término medio

En su *Ética a Nicómaco*,[36] Aristóteles afirma que el término medio es la perfección. Ante la intranquilidad y la insatisfacción, es muy tentador hacer un giro de 180 grados. ¿Pero no es esto el mismo autoengaño que apuntar en la dirección opuesta? ***Alexandre***

Tiranía

En el frontón del Templo de Apolo en Delfos, los antiguos podían leer el famoso *Gnôthi seautón*, ese «conócete a ti mismo» que abre el camino a la interioridad, a esculpirse a sí mismo, en una palabra, a la filosofía. La buena salud es una cuestión de armonía, de un equilibrio en constante movimiento, algo que está por descubrir. Para

36. Gredos, Barcelona, 2014.

descongestionarnos, tenemos que identificar a nuestros tiranos interiores, aquellos que nos someten a su voluntad: miedo, tristeza, cólera, tristeza... ¿A quién hemos confiado el control remoto de nuestra vida? ¿Cómo podemos dejar de actuar como dóciles marionetas sin columna vertebral ni disciplina interior? ¿Por qué medios podemos dejar el modo «piloto automático» para crear y ofrecernos generosamente?

El desafío es desobedecer a estos déspotas, abandonar los campos de batalla, las guerras civiles que pueden estallar en nuestro interior. ¿Por qué condenar y culpar a una parte de uno mismo cuando es más que necesario reconciliarse y avanzar hacia el bien? La paz y la alegría requieren un enfoque mucho más sutil: no despreciar nada, no odiar nada, sino integrar, atreverse a vivir juntos de forma fructífera. *Alexandre*

Tolerancia

La tolerancia puede ser, según el caso, una prueba de apertura constructiva o de pasividad perjudicial. Un médico «tolera» a un loco furioso en lugar de golpearle, porque su misión es curarlo. Pero se supone que nadie debe aceptar lo inaceptable, y la tolerancia no debe llevar a una actitud permisiva hacia la injusticia, la discriminación, la violencia... La apertura va de la mano de una cierta calma y permite aceptar la realidad como punto de partida de un cambio deseable. Si no nos dejamos llevar por el torbellino de las pasiones, podremos considerar con calma el mejor paso a dar a continuación. *Matthieu*

Tropezar

El itinerario espiritual no puede ser un viaje organizado. Tenemos que olvidarnos de los mapas de carreteras, las guías, los modos de empleo... La vida cotidiana nos invita a improvisar, a inaugurar, a probar nuevos caminos, a avanzar con los medios que tenemos a mano. Mil veces al día, el aventurero se cae, sigue caminos sinuosos, tropieza, se desanima... ¿El desafío? ¿Lo principal? Mantener el rumbo, atreverse a adoptar una actitud ligeramente contemplativa, observar los campos de batalla interiores sin mirar hacia otro lado, identificar las fuerzas que nos tienen agarrados por el cuello y el caos que nos atraviesa, para hacer de ello una especie de patio de recreo, una escuela de vida. *Alexandre*

VER TAMBIÉN PROGRESO, RECAÍDAS

V

Vanidad

Tomo prestada una práctica de un texto del Antiguo Testamento que tiende un magnífico puente hacia el budismo, el Eclesiastés. Con tono pesimista, viene a derribar y demoler una a una nuestras ilusiones. A menudo repito su famoso estribillo: «Vanidad de vanidades, todo es vanidad». Ver que todo en este mundo es precario y frágil me ayuda a avanzar hacia una libertad más profunda. Protege mi alma de la tendencia a recurrir a vanos consuelos. En el fondo, es en el caos donde puedo descubrir la paz. Todo pasa, pero para mi gran desgracia, no sé cómo *dejar pasar*, me aferro a las cosas y sufro una y otra vez... En el fondo, el Eclesiastés me curó de la idea misma de la curación. Perder una a una las ilusiones y falsas esperanzas abre las puertas a una cierta serenidad. La lucha ha terminado, el agotador combate da paso a la paz. *Alexandre*

VER TAMBIÉN IMPERMANENCIA, DEJAR PASAR

Vínculos

Muchos estudios han evaluado las consecuencias prácticas de la vinculación con otras personas. Biológicamente, por ejemplo, cuando se realizan experimentos en laboratorio sometiendo a un individuo a una situación de estrés (¡teniendo que improvisar un discurso frente a una audiencia de personas con cara de pocos amigos!), nuestro nivel de cortisol salival (un indicador de estrés) es más bajo si sólo uno de nuestros mejores amigos está presente en la habitación.

Pero el vínculo también cambia nuestra visión del mundo y las dificultades a las que nos enfrentamos. Un divertido estudio mostró que, cuando se pedía a los voluntarios que calcularan la altura de una montaña, les parecía más baja y menos empinada si tenían al lado a su mejor amigo. Si estaban solos, la montaña les parecía más alta y la pendiente más pronunciada. Cuando me encuentro con mis pacientes por primera vez, siempre hago con ellos un inventario de sus recursos. Y los recursos relacionales (además de los recursos psicológicos o materiales) ¡son esenciales! El aislamiento, es decir, la soledad sufrida y no elegida, es un gran factor de riesgo para la salud, tanto mental como física. El hecho de no tener parientes o una red de amigos y conocidos en los que apoyarse es un factor de fragilidad cuando surgen problemas. Por eso, cuando era un joven psiquiatra, me interesé mucho por los pacientes con fobia social que, además de sentir angustia frente a otras personas, eran «sin techo relacionales» y, por lo tanto, a menudo estaban en riesgo de rápida precarización. A la inversa, el hecho de tener una red social vasta y diversa (parientes, amigos, conocidos) es una fuente de resistencia y bienestar confirmada por todos los estudios. ***Christophe***

VER TAMBIÉN DISCORDIA

CUATRO CONSEJOS DE CHRISTOPHE
PARA CULTIVAR LOS VÍNCULOS

Hay cuatro familias de vínculos, divididas en cuatro círculos concéntricos, que es útil cultivar (al igual que es importante tener una dieta variada):

- los íntimos, con los que vivimos, a los que tocamos, y abrazamos todos los días o muy a menudo; suelen ser nuestra familia y mejores amigos;
- nuestros parientes, amigos y colegas, personas con las que tenemos intercambios bastante cercanos y regulares;
- los conocidos, toda la red de personas con las que tenemos un vínculo, incluso ocasional, a las que recordamos y que nos recuerdan;
- los extraños, con los que también podemos tener vínculos, dependiendo de nuestro carácter; hablar con

ellos en la calle, en el transporte, en las tiendas... También pueden ser un recurso de ayuda o información, como podemos serlo nosotros para ellos.
Los científicos sociales nos recuerdan que es importante construir relaciones sobre estos cuatro círculos (no sólo en los más íntimos o cercanos), ¡dando y recibiendo! Hablando incluso con los desconocidos y manteniendo lazos cálidos con nuestros conocidos, vecinos y tenderos, no sólo nos hacemos bien a nosotros mismos, sino que también hacemos del mundo un lugar más bello, lo mejoramos, ¡lo hacemos más humano!

Violencia

En la vida cotidiana, a pesar de las muchas formas de violencia que afligen al mundo, nuestra existencia está más a menudo entretejida con actos de cooperación, amistad, afecto y preocupación por los demás. En la raíz de todas las formas de violencia se halla la devaluación del otro. Pero, contrariamente a lo que algunos argumentan, ni los fisiólogos ni los psicólogos han podido demostrar la existencia de un impulso espontáneo de hostilidad en los seres humanos. La agresión no se manifiesta como una motivación natural comparable al hambre, la sed, la necesidad de actividad y el contacto social. Además, en general, la violencia individual y colectiva ha disminuido paulatinamente durante el último milenio. Esta conclusión es el resultado de extensos estudios llevados a cabo por varios equipos de investigadores durante los últimos treinta años. En el siglo xiv, un europeo tenía una probabilidad media cincuenta veces mayor de ser víctima de un homicidio que en la actualidad.

Dicho esto, cerca de 3.500 estudios científicos han demostrado que el espectáculo de la violencia es de hecho una incitación a la violencia y que en los medios de comunicación son uno de los factores responsables de las agresiones. Estos efectos son duraderos y mesurables. Los niños son particularmente vulnerables, pero nos afecta a todos.

Un niño de doce años ya ha visto un promedio de doce mil muertes violentas en la televisión. Los estudios que analizaron diez mil de programas seleccionados al azar mostraron que el 60 % de las emisiones americanas contenían violencia, seis escenas por hora. El hallazgo más alarmante fue que, en los programas para jóvenes, el porcentaje llegaba al 70 %, con catorce escenas de violencia por hora.

El aspecto más preocupante de los efectos nocivos de la violencia audiovisual es su sostenibilidad. Los investigadores han demostrado que una hora de programación violenta al día cuadruplica la probabilidad de desarrollar problemas de comportamiento en estos niños en los próximos cinco años. Hasta hace poco, se había prestado poca atención a la creación de videojuegos prosociales y no violentos en los que los personajes cooperasen y se ayudasen mutuamente en lugar de matarse. Un estudio ya ha demostrado que estos juegos reducen el nivel general de hostilidad, a la vez que aumentan las emociones positivas, en comparación con los juegos violentos o simplemente neutros, a corto y largo plazo. ***Matthieu***

VER TAMBIÉN AGRESIÓN, NO-VIOLENCIA

Voluntarismo

Tarde o temprano, corremos el riesgo de enfrentarnos al peligro del voluntarismo: creer que todo depende de nosotros, que la voluntad y la razón son soberanas. Durante una breve visita a un servicio de cuidados paliativos, descubrí una gran injusticia: precisamente, la fuerza de voluntad no es suficiente. A pesar de que algunos pacientes tenían un excelente estado mental y una gran cantidad de energía, la enfermedad prevaleció. Otros tuvieron más suerte. El desafío es apreciar los ejercicios espirituales y sus tremendos efectos en nuestro estado de ánimo, nuestra salud e incluso nuestro sistema inmunológico, teniendo en cuenta que no todo depende de nosotros.

Siempre desconfío de las imposiciones. Sería caer en el maltrato trivializar el sufrimiento y condenar a los que no logran superar la enfermedad. El otro día me reí mucho en el dentista cuando me advirtió: «Sobre todo, ¡no te muevas! De lo contrario, será un desastre». Es un poco como decirle un niño: «¡Duérmete, maldita sea!». Con mi enfermedad, cuanto más trato de controlar mis movimientos, más se revuelve, se tensa y se sacude mi cuerpo. ¿Qué invitación más apremiante podría haber, una vez más, a atreverse a abandonar? De hecho, en aquella maldita silla de dentista, cortocircuité con las palabras del doctor y me tranquilicé a mí mismo diciéndome: «Puedes moverte todo lo que quieras, no controles nada, ni siquiera intentes relajarte». Y entonces ocurrió el milagro: me quedé totalmente quieto. Aun así, es peligroso apremiar a una persona que sufre con órdenes como «despierta» y «date prisa», que son tan contraproducentes como inhumanas.

Para aquellos que se enfrentan diariamente a un problema físico o un malestar interior, tener orden en la vida es esencial para evitar que todo gire en torno a los problemas. En primer lugar, como Schopenhauer, creo que no basta con detener el dolor para ser feliz. A menudo daría cualquier cosa por librarme del dolor, y cuando el alivio llega, finalmente, no me siento feliz. ¡Qué ingrato que soy! A fuerza de mirar al futuro, olvido los mil y un dones que están ahí, al alcance de la mano... Entonces hago el ejercicio de practicar la gratitud desde el fondo de mi corazón. Apreciando una sonrisa como única, elogiando un plato, mirando al cielo. En una palabra, debemos abrirnos a lo que se nos da. Arrastrar una lesión día tras día se parece más a una maratón que a un esprint. Y siempre estás al borde del agotamiento. De ahí la necesidad de estar extremadamente alerta para no amargarse ni amargar a los demás. *Alexandre*

Vulnerabilidad

¿Cómo aceptar el caos, las heridas, los errores recurrentes y esos hábitos que parecen repetirse *ad vitam aeternam*? Liberarse y alcanzar la buena salud no puede suceder sin una sana y franca aceptación. Aceptar no significa estampar un sello en lo real. Además, no es el ego el que hace este gesto, sino sobre todo los rechazos y las contracciones que caen y ceden. Constantemente, la mente, descontenta e insatisfecha, se niega. ¿Estamos programados para descalificar al mundo? En el restaurante, después de consultar meticulosamente la carta del menú, voluntariamente pido una pizza y mi vecino opta por un delicioso gratinado *dauphinois*... De repente, me muero por haber pedido yo también ese delicioso plato.

La mente nunca se saciará de nuestra condición. Exigir que el yo diga sí a la impermanencia, a los altibajos de la existencia, a las vulnerabilidades, es en cierto modo contenerse. No se obtiene ninguna aceptación con fórceps. Ningún consentimiento puede surgir de un rechazo inicial y originario. Nietzsche, en *Más allá del bien y del mal*,[37] habla del granito espiritual. En mi corazón reside un granito de miedos, penas, traumas, una fragilidad que resiste y parece socavar todos mis esfuerzos. Muchas fuerzas de inercia se oponen al cambio y a la transformación. La buena salud traza un camino que se logra milímetro a milímetro. Confianza y paciencia, a cien leguas de cualquier renuncia, estas dos alas proporcionan dinamita… para el granito. *Alexandre*

VER TAMBIÉN CAOS, FRAGILIDAD, BUENA SALUD, SÍ

---

37. *Op. cit.*

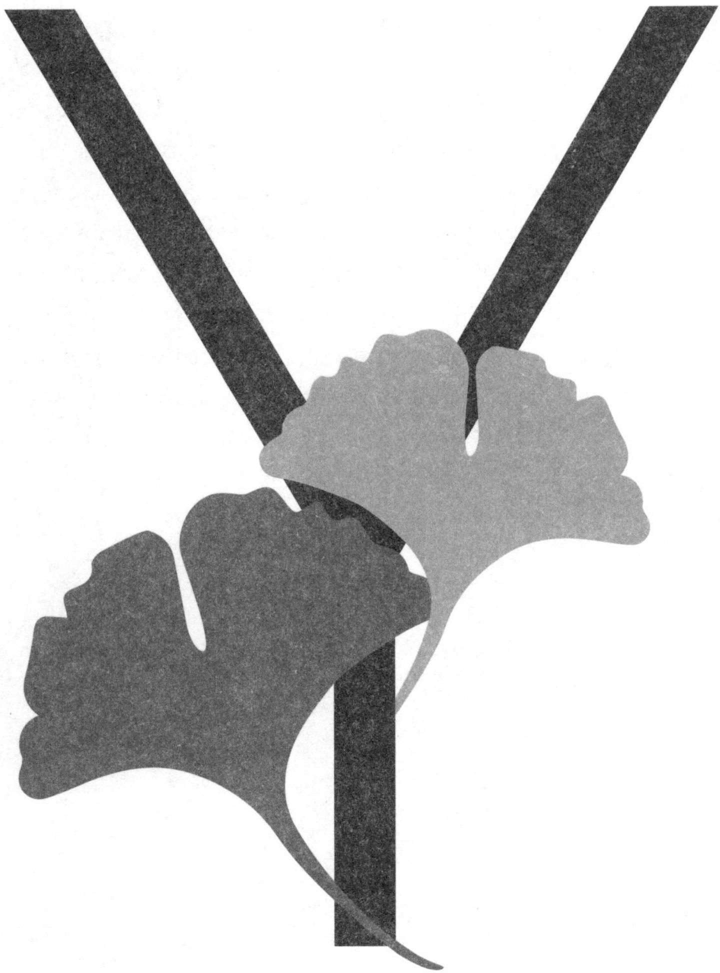
Y

Yoyó interior

El yoyó interior que nos hace pasar de la alegría a la tristeza en un cuarto de segundo puede ser agotador. Es difícil disfrutar totalmente de la alegría pensando que se terminará; y, cuando estamos tristes, creemos que la infelicidad durará para siempre, que acabará con nosotros. La no-fijación es una gran «herramienta» que nos permite alejarnos de la aprensión y el rechazo y empezar a dar la bienvenida a cualquier cosa que venga. Y, antes que nada, tengo que aceptar esta montaña rusa interior, descubriendo que puedo levantarme feliz por la mañana, pero que leer un simple correo electrónico puede dejarme desolado. Como si le hubiera dado a las circunstancias externas un control remoto que tuviera el poder de hacerme saltar de una emoción a otra.

La buena noticia es que podemos escapar de esta montaña rusa mirando hacia nuestro interior y descubriendo la alegría incondicional. El primer paso es observar tranquilamente este *zapping* incesante, sin preocuparnos demasiado por ello. Hay un gran malentendido que nos impide disfrutar de la alegría incondicional. Equivocadamente, creemos que sólo será posible el día que hayamos curado todas nuestras heridas, mientras que esta alegría sin motivo es posible ahora, incluso en medio del tormento. Podemos acceder a ella ahora mismo. Si esperamos a tener una vida perfecta para ser felices, puede que tengamos que esperar demasiado tiempo... ***Alexandre***

Z

Zen

El zen no es el zen, por eso lo llamo zen… Procedente de la palabra sánscrita *dhyâna*, que significa meditación, el término «zen» designa una escuela budista de inspiración mahayista. Esta disciplina nos invita a ir más allá de los conceptos para descubrir y realizar en nosotros mismos la naturaleza de Buda. No tiene nada que ver con esos anuncios de marketing que, constantemente, nos dicen que seamos «zen».

Las palabras de Yunmen ponen de relieve el placer de realizar esta práctica, este arte: «Cuando camines, camina, cuando te sientes, siéntate. Sobre todo, no vaciles». Houei-neng, el sexto patriarca del budismo *chan* en el *Sutra del estrado*, explica su cristalino y luminoso método: «Tan pronto como nos detenemos en un pensamiento, el flujo de pensamientos se detiene inmediatamente, y esto se llama apego». No hay nada más natural que el hecho

de que durante la meditación se nos crucen mil conceptos y construcciones mentales, que la mente salte de una cosa a otra, que se encierre en el pasado o se proyecte hacia el futuro. La fluidez es su naturaleza. Pero el ego se pone nervioso, se crispa, se bloquea. De ahí vienen los sufrimientos, la resistencia, el rechazo y la inquietud. Comprometerse con la realidad ¡es el desafío! Vivir naturalmente...
Alexandre

PEQUEÑA BIBLIOGRAFÍA COMENTADA DE LA SABIDURÍA

CINCO LIBROS DE SABIDURÍA RECOMENDADOS POR CHRISTOPHE

Simone Weil, *La gravedad y la gracia*[38]
Una obra límpida en su lenguaje y claridad, pero que incita a una filosofía de vida radical y exigente. No hay lugar para la complacencia, la pereza, las mentiras o la ilusión. Simone Weil no pretende consolarnos, sino sacudirnos y que abramos los ojos para que podamos avanzar hacia la máxima perfección. En cierto modo, luchando siempre contra uno mismo: «No bien se piensa en algo, buscar en qué sentido es cierto su contrario». Si todos los humanos razonaran así, todo cambiaría aquí en la Tierra…

38. Trotta, Madrid, 2007.

André Comte-Sponville, *Diccionario filosófico*[39]
Cuidado, no se trata de un diccionario de filosofía, que se quedaría en la definición de los principales conceptos, sino de un diccionario filosófico, en otras palabras, la visión de un filósofo sobre las cosas de la vida, ordenada alfabéticamente. Una claridad de pensamiento como nunca antes había leído, un estilo elegante y revelaciones en cada página, como esta definición de la sabiduría: «Máxima felicidad en la máxima lucidez».

Michel de Montaigne, *Los ensayos*[40]
Cuando se nos dice que «debemos tomarnos las cosas con filosofía», no significa que debamos reflexionar sobre nuestros problemas con la ayuda de conceptos teóricos, sino que debemos aceptar la realidad, que la adversidad es precio de la vida, y que preocuparnos por nuestros problemas no los aliviará de ninguna manera. Esta sabiduría de la existencia cotidiana, esta filosofía sin tesis ni sistema, es la de Montaigne, la de un ser humano que se interesa por todo, que todo lo cuestiona, que saca partido del más mínimo acontecimiento, feliz o doloroso, de cada día. Y que, hace cinco

39. Paidós, Barcelona, 2020.

40. Acantilado, Barcelona, 2007.

siglos, dejó sus reflexiones por escrito, sin ningún orden ni pretensión: «Toda esta pepitoria que yo emborrono aquí, no es más que un registro de las experiencias de mi vida». Cuando lo lees, quieres parecerte a él…

Jon Kabat-Zinn, *Vivir con plenitud las crisis* [41]
Ni filósofo, ni médico, mejor aún: Jon Kabat, esposo de Myla Zinn, es un soñador y un visionario. Fue él quien presintió, a finales del siglo XX, que el mundo necesitaba la meditación. Pero estaba oculta, dormida en la quietud de los monasterios y pequeños cenáculos de iniciados. Fue él quien la despertó, desarrollando una forma de meditación secular, accesible y científicamente comprobable: la atención plena. Ésta conquistó el mundo de la salud y la educación, y luego el mundo en general. Mucho más que una herramienta para el manejo del estrés, un antídoto para el ruido superficial y distractor de nuestros tiempos, es un camino de sabiduría: la sabiduría de la aceptación que ayuda a hacer lo correcto, la sabiduría del momento presente que ayuda a pensar mejor en el pasado y en el futuro. «Mientras respires, hay más bien que mal en ti». Simplicidad radical, al principio

41. Kairós, Barcelona, 2016.

sorprendente e inquietante, luego jubilosa y liberadora.

Marco Aurelio, *Meditaciones* [42]

¿Crees que un hombre que vivió hace casi dos mil años y que fue emperador romano (uno de los más grandes) tiene poco que ver contigo? Es porque no has leído a Marco Aurelio. Su búsqueda de la sabiduría y el crecimiento constante lo llevó a estar siempre en contacto con la realidad, la naturaleza y los demás seres humanos. Y a permanecer siempre fiel a sus convicciones: «Si alguien puede convencerme, con pruebas de apoyo, de que mis opiniones o mi conducta no son correctas, con gusto las cambiaré». La sabiduría no se aparta de la vida, sino que se une a ella y se alimenta de ella.

Farmacopea de Alexandre en forma de bibliografía

Jeanne Hersch, *El gran asombro* [43]

Límpido y estimulante panorama de las grandes corrientes del pensamiento occidental. Jeanne Hersch

42. Taurus, Madrid, 2020.

43. Acantilado, Barcelona, 2010.

nos lleva de la mano para iniciarnos en las grandes y determinantes maravillas que recorren y fundan nuestra civilización. La capacidad de maravillarse es, como nos recuerda Aristóteles, la fuente de la filosofía… Desde los presocráticos hasta Karl Jaspers, con felices escalas en Sócrates, Agustín, Descartes, Kant, Nietzsche, Kierkegaard, Heidegger y otros muchos guías brillantes, la filósofa suiza nos enseña a pensar lejos de automatismos y prejuicios, y nos despierta.

Chögyam Trungpa, ***El entrenamiento de la mente***[44]

El gran maestro tibetano nos anima, en estas ardientes páginas, a realizar el camino espiritual y entrenar nuestra mente durante nuestra vida cotidiana. Al despojarse de las frágiles empresas que el ego fragua, abre el camino a un auténtico don, a una verdadera emancipación interior. *El entrenamiento de la mente* nos enseña a deshacernos de todo lo que nos impide ser bodhisattvas libres y felices. Éste es sin duda «el» libro que me llevaría a una isla desierta. Este libro me despierta y me consuela cada día.

44. Trungpa, Chögyam, *Training the Mind and Cultivating Loving-Kindness*, Shambala, Boulder, 2003.

Baruch Spinoza, *Ética*[45]

En estas líneas incandescentes, Spinoza nos despoja, milímetro a milímetro, de todo aquello que nos atormenta para llevarnos a la felicidad. Este inmenso «médico de la mente» rastrea y analiza los mecanismos de la alienación y la mezcolanza de pasiones que a menudo nos transforma en tristes autómatas. A lo largo del camino, el filósofo nos ofrece provisiones: la alegría. Este exigente y riguroso trabajo muestra que la libertad evoluciona a cien leguas de un yo caprichoso, abandonado a sí mismo. Descubrir estas páginas es experimentar y sentir la posibilidad de una alegría incondicional, de decir sí al mundo sin reservas.

Friedrich Nietzsche, *Más allá del bien y del mal*[46]

El pensador de bigote grueso que filosofa a golpes de martillo viene a cuestionar nuestras certezas, nuestras necesidades, la arquitectura del mundo que construimos. Nos comunica un amor a la vida tal como es: trágica y soberbia, dura a veces, generosa. Una meditación en acción, un camino de emancipación, una escuela de libertad…

---

45. Alianza, Madrid, 2011.

46. Alianza, Madrid, 2012.

Etty Hillesum, ***Diario de Etty Hillesum: Una vida conmocionada*** [47]
La aceptación puede ser un maltrato cuando se impone desde arriba, cuando conduce a la resignación y el fatalismo. Todo lo contrario de este libro testimonio que nos lleva directamente a una serenidad flexible y sensible, abierta, luminosa, radiante. Sorprendente, este diario íntimo realmente te ayuda a vivir y te hace sentir mejor.

Shunryu Suzuki, ***Mente zen, mente de principiante*** [48]
Sin duda, junto con *El entrenamiento de la mente*, es una de las mejores guías introductorias a la práctica de la meditación. Shunryu Suzuki presenta los grandes principios del zazen, que en realidad no son principios, por eso los llamo principios... Este gran maestro, travieso y risueño, nos despierta el gusto por el zen, con la frescura del aquí y ahora.

Maître Eckhart, ***Consejos espirituales*** [49]
Genial, el místico Maestro Eckhart nos libera del peso de un Dios vengativo y experto contable. Junto a él nace un desapego alegre, claro, radiante y gene-

---

47. Anthropos, Barcelona, 2013.

48. Gaia, Madrid, 2015.

49. Eckhart, Maître, *Conseils spirituels*, Rivages, París, 2003.

roso. Este gran metafísico nos acompaña para revelarnos el milagro de abrir los ojos a cada instante. Estar cerca de él es descender a las profundidades, morir y renacer con una nueva vida, encontrar un camino lejos de la culpa y de toda pesadumbre. El Maestro Eckhart ordena y libera. Despeja el horizonte.

El arte de la sabiduría por Matthieu

Dalái lama y Howard Cutler, *El arte de la felicidad* [50]
En este sencillo pero profundo libro, con su habitual sentido común y sabiduría, el dalái lama (hábil y respetuosamente editado por Howard Cutler) nos insta a cumplir nuestra aspiración natural de evitar el sufrimiento y ser felices, cultivando las cualidades humanas básicas, como la bondad, la compasión, el sentido de satisfacción (no siempre querer más), el autocontrol y, por supuesto, la sabiduría.

Dalái lama, *El arte de vivir en el nuevo milenio* [51]
En uno de los pocos libros que él mismo ha dictado para una audiencia contemporánea, el dalái lama nos

50. DeBolsillo, Barcelona, 2020.

51. DeBolsillo, Barcelona, 2014.

ofrece pistas llenas de sabiduría y compasión para trabajar juntos por un mundo mejor, más altruista y unido. Al hacerlo, hace explícitos algunos de sus temas favoritos: la naturaleza de la realidad, la interdependencia fundamental de todos los seres (y la naturaleza), la ética secular, el discernimiento, la responsabilidad universal, el desarme y el papel de la religión.

Dilgo Khyentse, *El corazón de la compasión* [52]
Si tuviera que llevarme un solo libro a la famosa isla desierta, sería éste. Una magnífica enseñanza sobre la práctica del amor altruista, la compasión, la celebración de las cualidades de los demás y la imparcialidad. También nos da instrucciones directas y exigentes para poner en práctica la sabiduría en cada momento de nuestras vidas, mientras que al mismo tiempo nos mueve hacia la libertad interior.

Nagarjuna, *Fundamentos de la vía media* [53]
Este es el texto fundamental de la más pura sabiduría budista relacionada con la llamada vía «de en medio». El «medio» en cuestión trasciende todas las posibles opiniones filosóficas de que la búsqueda de lo real y lo

52. Khyentse, Dilgo, *The Heart of Compassion*, Shambhala, Boulder, 2007.

53. Anaya, Madrid, 2018.

verdadero ha podido suscitar en la historia del pensamiento y la religión; en particular, los extremos del realismo ingenuo y el nihilismo. Los trasciende dentro del Despertar más allá de las construcciones y conceptos intelectuales. Ésta es la meta de la Vía, la sabiduría pura.

Séneca, *Sobre la brevedad de la vida* [54]

Un refrescante y útil libro de sabiduría que nos recuerda la impermanencia de todas las cosas, la certeza de la muerte y la incertidumbre de cuándo llegará, y que nos insta con elocuencia y perspicacia a no malgastar nuestra existencia en vanas preocupaciones y actividades inútiles. ¡Para releerlo varias veces!

Shabkar, *Autobiografía de un yogui tibetano* [55]

La sabiduría nunca es más evidente y fructífera que cuando se ilustra con el ejemplo de una vida magníficamente vivida, siempre en perfecta coherencia con la sabiduría última y el más meticuloso discernimiento en hechos, palabras y pensamientos. Esta vasta autobiografía es una mina de instrucción espiritual y una fuente

---

54. Consejería de Cultura de la Junta de Andalucía, Sevilla, 2010. http://www.juntadeandalucia.es/cultura/bivian/media/flashbooks/lecturas_pendientes/sobre_la_brevedad_de_la_vida/files/seneca.pdf

55. Shabkar, *Autobiographie d'un yogui tibétain*, Albin Michel, París, 1998.

perpetua de inspiración que alimentó diez años de mi vida, cuando la traduje del tibetano. La historia del Shabkar a veces nos conmueve hasta las lágrimas, a veces hasta la risa, pero, sobre todo, como decía mi maestro Dilgo Khyentse Rimpoché: «Cuando leemos la historia de su vida, nuestra mente se ve inevitablemente atraída por la sabiduría».

KARUNA-SHECHEN
FOMENTAR EL ALTRUISMO EN EL MUNDO

Matthieu Ricard dona la totalidad de sus ingresos (fotografías, conferencias y derechos de autor de todos sus libros) a los proyectos humanitarios de la asociación Karuna-Shechen que cofundó hace veinte años para aliviar el sufrimiento de los más desamparados de la India, Nepal y el Tíbet.

Karuna-Shechen proporciona cada año acceso a atención sanitaria, educación y formación profesional a casi doscientas mil personas. Concretamente, el libro que tienes en tus manos permite que un niño en Nepal sea escolarizado durante una semana, que dos personas discapacitadas reciban un tratamiento médico o que una familia india pueda acceder a un huerto orgánico durante una temporada. ¡Gracias!

La asociación está impulsada por la solidaridad y convencida de la importancia de cultivar un estado mental altruista con humildad, alegría y determinación. Es en este ideal de «altruismo en acción» que Karuna-Shechen fue fundada para ayudar a crear juntos un mundo mejor y más justo.

Para obtener más información, puedes dirigirte a:
Karuna-Shechen
20 bis, rue Louis-Philippe
92200 Neuilly-sur-Seine

contact@karuna-shechen.org
www.karuna-shechen.org